高等职业教育"十二五"创新型精品规划教材·汽车类

# 汽车维护与保养

主　编　李维娟　王艳超　杨　波
副主编　郭引弟　张　莉　王秋梅
参　编　王　梦　王昌福　李晓杰
　　　　祝政杰　贾　松　邵淑漫
　　　　迟磊磊　闫冬梅　刘心田
　　　　林　倩
主　审　胡祥卫　白秀秀

北京理工大学出版社
BEIJING INSTITUTE OF TECHNOLOGY PRESS

## 内 容 简 介

本书根据我国汽车维护与保养的相关制度、标准及职业院校专业教学计划和汽车维护训练教学大纲编写，供职业院校汽车类专业教学使用，内容包括：工、量具的认识与使用，新车交验，汽车首次维护保养，汽车 40 000km 维护作业，汽车 80 000km 维护作业。

本书通过典型工作任务，结合 4S 店实践经验，并结合企业实际情况进行教学。全书内容新颖全面、图文并茂、通俗易懂、易学好教。

本书既可作为职业院校汽车专业的教材，也可作为各类汽车从业人员的业务参考书和培训教材。

**版权专有　侵权必究**

### 图书在版编目（CIP）数据

汽车维护与保养 / 李维娟，王艳超，杨波主编 .—北京：北京理工大学出版社，2020.9 重印

ISBN 978 - 7 - 5682 - 0954 - 0

Ⅰ.①汽⋯　Ⅱ.①李⋯②王⋯③杨⋯　Ⅲ.①汽车 - 车辆修理 - 高等学校 - 教材②汽车 - 车辆保养 - 高等学校 - 教材　Ⅳ.①U472

中国版本图书馆 CIP 数据核字（2015）第 170819 号

| | |
|---|---|
| 出版发行 / | 北京理工大学出版社有限责任公司 |
| 社　　址 / | 北京市海淀区中关村南大街 5 号 |
| 邮　　编 / | 100081 |
| 电　　话 / | （010）68914775（总编室） |
| | 82562903（教材售后服务热线） |
| | 68948351（其他图书服务热线） |
| 网　　址 / | http://www.bitpress.com.cn |
| 经　　销 / | 全国各地新华书店 |
| 印　　刷 / | 三河市华骏印务包装有限公司 |
| 开　　本 / | 787 毫米×1092 毫米　1/16 |
| 印　　张 / | 10 |
| 字　　数 / | 232 千字 |
| 版　　次 / | 2020 年 9 月第 1 版第 8 次印刷 |
| 定　　价 / | 28.00 元 |

责任编辑 / 梁铜华
文案编辑 / 多海鹏
责任校对 / 周瑞红
责任印制 / 马振武

图书出现印装质量问题，请拨打售后服务热线，本社负责调换

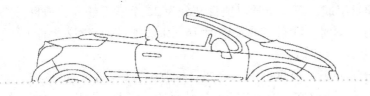 

# 前言

"汽车保养与维修"课程在汽车运用与维修专业中占有至关重要的地位,无论是车企、4S店,还是车主都已逐渐认识到汽车保养的重要性。汽车使用一段时间后,各个摩擦副会有磨损,润滑油(脂)及其他工作介质会变质、失效或滴漏,零件表面会积存污垢,连接件会松弛,金属零件会发生锈蚀、疲劳或变形,橡胶和塑料等非金属制件会老化或受损伤等。这些都会使汽车技术状况变坏、工作性能降低。为此,必须适时地进行相应的保养作业。保养作业通常是安排在汽车总成和零件性能变坏之前进行的,所以说汽车保养是消除隐患和防止技术状况恶化的预防性措施。

"汽车保养与维修"是汽车运用与维修专业的一门实践性很强的必修专业课,其融入了职业院校汽车运用与维修专业的一体化改革成果,并结合了当前汽车维修行业的生产实际,且有较强的针对性。本书较好地贯彻了素质教育的思想,力求体现以人为本的现代理念,从汽车维修行业岗位群的知识和技能要求出发,结合学生创新能力的培养、职业道德方面的要求,提出教学目标并组织教学内容。

本书中的任务源于4S店典型工作任务,以指导学生在完整的行动中进行理论实践一体化的学习,在培养专业能力的同时,帮助学生学习工作过程知识,促进学生关键能力和综合素质的提高,实现工学一体化教学目标。

本书所整理、编辑的学习项目都来自于汽车维修企业一线维修案例,以引导学生形成工作的逻辑思路,增进学生对汽车维修的感性认知。这些学习项目中所使用的任务将学习与工作紧密结合,以"学习的内容是工作、通过工作实现学习"为宗旨,促进了学习过程的系统化,使教学内容更贴近企业生产实际。本书的内容突出了任务对学生实操过程的指导作用,并将工作过程的关键步骤具体标明,以达到学生依据任务便可基本独立完成整个工作过程操作的效果。学生从初步制订工作计划、大致确定所需的工用具及维修资料入手,直到整个工作任务的所有操作与分析诊断环节开展为止,在本书中皆有体现,其中相关项目完成后实操场地的整理和清洁,按照质量管理的7S管理理念——整理、整顿、清洁、清扫、素养、安全及节约的标准规范执行。在学习工作过程中,学生记录、填写的所有内容都应该是从工作操作中实际获取的数据。任务评价部分有综合能力测评、专业能力测评,也有教师的点评;评价方式有写的也有说的,评价形式多样,以全面考查学生的综合能力。学生自己总结在完成本工作任务之后获得了哪些收获,掌握了哪些技能,有哪些体会及经验教训,是否达到了预先制定的工作目标。这样,可以让学生养成事后总结的习惯,有利于锻炼和提高学生的写作水平及展示其能力。

本书以项目教学为主线,通过以工作过程和工作活动为目标的行动导向典型任务进行设计,整个学习领域由5个学习项目组成,而5个学习项目又分为22个学习任务。项目一建议学时4学时,项目二建议学时8学时,项目三建议学时16学时,项目四建议学时16学时,项目五建议学时16学时,共计60学时。

本书由李维娟主编。编写分工如下:项目一由王艳超、杨波编写,项目二由杨波、王梦、王昌福编写,项目三由郭引弟、李晓杰、祝政杰编写,项目四由张莉、贾松、邵淑漫编写,项目五由王秋梅、迟磊磊、闫冬梅、刘心田编写,附录1~附录4由李维娟编写。同时王艳超参与了本书的资料搜集、整理和编写等工作。胡祥卫、白秀秀对本书内容进行整合修改与审查。

由于编者能力和水平有限,书中难免有不妥乃至错误之处,敬请广大读者提出宝贵意见,在此深表感谢。

编 者

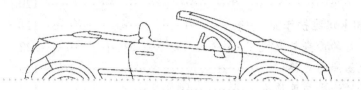

# 目录 CONTENTS

**项目一 工、量具的认识与使用** 001
 学习任务1 工具的认识与使用 002
 学习任务2 量具的认识与使用 012
 学习任务3 工、量具认识与使用完工检验表 016
 练习题 017

**项目二 新车交验** 018
 学习任务1 新车铭牌、附件检查 019
 学习任务2 新车检查实训（以卡罗拉汽车为例） 031
 学习任务3 新车完工检验 036
 练习题 037

**项目三 汽车首次维护保养** 038
 学习任务1 首次维护接车单、派工单的识读与填写
  （以卡罗拉汽车为例） 039
 学习任务2 车舱内的检查与维护 043
 学习任务3 发动机舱的检查与维护 049
 学习任务4 首次维护举升检查与维护 055
 学习任务5 机油的更换与检查 062
 学习任务6 灯光的维护与检查 070
 学习任务7 首次维护完工检验 076
 练习题 079

**项目四 汽车 40 000 km 维护作业** 080
 学习任务1 轮胎换位 081
 练习题 096
 学习任务2 更换火花塞 097
 练习题 103
 学习任务3 更换制动液 104
 练习题 110
 学习任务4 更换动力转向传动液 111

练习题 115
　学习任务5　更换冷却液 115
　　练习题 120

**项目五　汽车 80 000 km 维护作业** 121
　学习任务1　制动片的检查与更换 122
　学习任务2　变速器油的更换 129
　学习任务3　轮胎的检查与更换 134
　学习任务4　车辆的四轮定位和动平衡 142

**附　录** 148
　附录1　安全操作注意事项 148
　附录2　一汽丰田卡罗拉车型保养周期 150
　附录3　2014 款速腾车型官方保养周期（1.6L 车型） 151
　附录4　2012 款福克斯官方保养周期 151
　附录5　2015 款科鲁兹官方保养周期 152

# 项目一

## 工、量具的认识与使用

班级：_____ 姓名：_____ 学号：_____ 工号：_____ 日期：_____ 测评等级：_____

| 工作任务 | 常用汽车维护与保养的工、量具使用 | 教学模式 | 任务驱动 |
|---|---|---|---|
| 建议学时 | 4 | 教学地点 | 一体化实训室 |
| 任务描述 | 进行汽车保养时要使用各种工具和测量仪器，而工具只有使用得当才能保证工作安全和准确。确保工具放置有序，用后清洁、涂油并放回正确的位置等 | | |
| 学习目标 | 1. 熟悉汽车维修过程中常用工具的名称和规格。<br>2. 掌握汽车维修过程中工具的正确选用方法。<br>3. 了解汽车维修过程中常用工具的维护和保养方法。<br>4. 熟悉汽车维修过程中常用量具的名称、规格和工作原理。<br>5. 掌握汽车维修过程过程中量具的正确使用和读数方法。<br>6. 了解汽车维修过程中常用量具的维护和存放方法。 | | |
| 学习准备 | 1. 各种扳手、活塞环装卸钳、气门弹簧装卸钳、千斤顶、滑脂枪（黄油枪）、汽车举升器、吊车、钢板尺、卡钳、游标卡尺、外径千分尺、百分表、量缸表、塞尺。<br>2. 分成7个小组。 | | |

### 小组人员岗位分配表（由组长分配）

| 工作岗位 | 时段一<br>____年____月____日<br>____时____分至____时____分 | 时段二<br>____年____月____日<br>____时____分至____时____分 |
|---|---|---|
| 主修人员（1人） | | |
| 辅修人员（1人） | | |
| 工具管理（1人） | | |
| 零件摆放（1人） | | |
| 安全监督（1人） | | |
| 质量检验（1人） | | |
| 7S监督（2~4人） | | |

续表

| 工作任务 | 常用的汽车维护与保养工、量具使用 | | 教学模式 | 任务驱动 |
|---|---|---|---|---|
| 建议学时 | 4 | | 教学地点 | 一体化实训室 |
| 车辆基本信息 | 车辆型号 | | 生产厂家 | |
| | 车架号 | | 发动机型号 | |
| | 车身底盘号 | | 燃料 | |
| | 出厂时间 | | 购车日期 | |

## 学习任务1  工具的认识与使用

### 一、任务的计划与准备

汽车修理要使用各种工具，这些工具只有使用得当才能保证工作安全和准确，故在修理前要了解工具的功能、用法及正确选择适合的工具，还要注意培养良好的工作习惯。例如保持工具放置有序，用后清洁、涂油并放回正确的位置等。

### 二、任务实施（工具认识及使用）

（一）扳手

扳手用以紧固或拆卸带有棱边的螺母和螺栓，常用的扳手有开口扳手、梅花扳手、套筒扳手、活动扳手、扭力扳手、内六角扳手等。各类扳手的选用原则：一般优先选用套筒扳手，其次为梅花扳手，再次为开口扳手，最后选活动扳手。

1. 开口扳手

开口扳手是最常见的一种扳手，又称呆扳手，如图1.1所示。其开口的中心平面和本体中心平面成15°，这样既能适应人手的操作方向，又可降低对操作空间的要求。其规格是以两端开口的宽度 $S$（mm）来表示的，如8mm—10mm、12mm—14mm等；通常是成套装备，有八件一套、十件一套等；用45号、50号钢锻造，并经热处理。

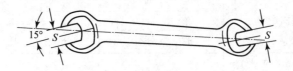

图1.1  开口扳手

2. 梅花扳手

梅花扳手同开口扳手的用途相似。其两端是花环式的，孔壁一般是12边形，可将螺栓和螺母头部套住，扭转力矩大，工作可靠，不易滑脱，携带方便，如图1.2所示。使用时，扳动30°后，即可换位再套，因而适用于狭窄场合。与开口扳手相比，梅花扳手强度高，使用时不易滑脱，但套上、取下不方便。其规格以闭口尺寸 $S$（mm）来表示，如8mm—

10mm、12mm—14mm 等；通常是成套装备，有八件一套、十件一套等；用 45 号钢或 40Cr 锻造，并经热处理。

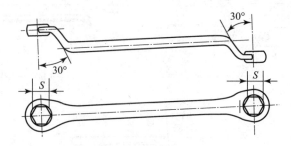

**图 1.2　梅花扳手**

3. 套筒扳手

套筒扳手的材料、环孔形状与梅花扳手相同，适用于拆装位置狭窄或需要一定扭矩的螺栓或螺母，如图 1.3 所示。套筒扳手主要由套筒头、滑头手柄、棘轮手柄、快速摇柄、接头和接杆等组成，各种手柄适用于各种不同的场合，以操作方便或提高效率为原则，常用套筒扳手的规格为 10~32 mm。在汽车维修中还使用了许多专用套筒扳手，如火花塞套筒扳手、轮毂套筒扳手和轮胎螺母套筒扳手等，如图 1.4 和图 1.5 所示。

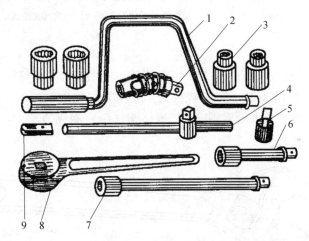

**图 1.3　套筒扳手**

1—快速摇柄；2—万向接头；3—套筒头；4—滑头手柄；5—旋具接头；
6—短接杆；7—长接杆；8—棘轮手柄；9—直接杆

**图 1.4　专用套筒扳手（一）**

（a）叉形凸缘及转向螺母套筒扳手；（b）气门芯扳手

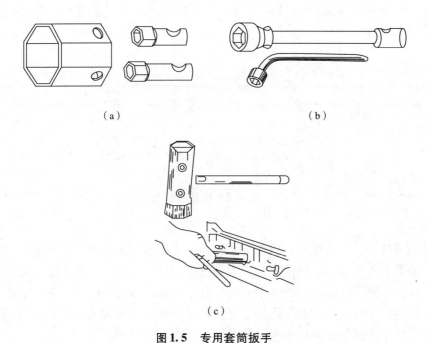

图 1.5　专用套筒扳手

(a) 轮毂套筒扳手；(b) 轮胎螺母套筒扳手；(c) 火花塞套筒扳手

4. 活动扳手

活动扳手开口尺寸能在一定的范围内任意调整，使用场合与开口扳手相同，但活动扳手操作起来不太灵活，如图 1.6 所示。其规格是以最大开口宽度（mm）来表示的，常用的有 150mm、300 mm 等，通常是由碳素钢（T）或铬钢（Cr）制成的。

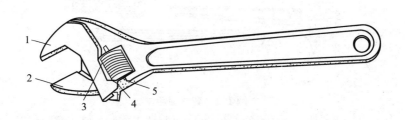

图 1.6　活动扳手

1—扳手体；2—活动扳口；3—蜗轮；4—蜗杆；5—蜗杆轴

5. 扭力扳手

扭力扳手是一种可读出所施扭矩大小的专用工具，有预置力式、指针式扭力扳手，如图 1.7 所示。其规格是以最大可测扭矩来划分的，常用的有 294 N·m、490 N·m 两种。扭力扳手除用来控制螺纹件旋紧力矩外，还可以用来测量旋转件的起动转矩，以检查配合和装配情况。

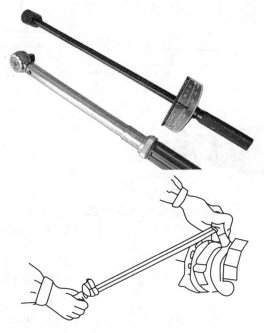

图1.7 扭力扳手及使用

6. 内六角扳手

内六角扳手是用来拆装内六角螺栓（螺塞）的专用工具，如图1.8所示。规格以六角形对边尺寸表示，有3~27 mm尺寸的13种，汽车维修作业中常使用成套内六角扳手来拆装M4~M30的内六角螺栓。

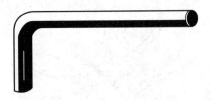

图1.8 内六角扳手

**（二）螺钉旋具**

螺钉旋具俗称螺丝刀，主要用于旋松或旋紧有槽螺钉。螺钉旋具（以下简称旋具）有很多类型，其区别主要是尖部形状不同，每种类型的旋具都按长度不同分为若干规格。常用的旋具有一字槽螺钉旋具和十字槽螺钉旋具。

1. 一字槽螺钉旋具

一字槽螺钉旋具又称一字起子、平口改锥，用于旋紧或松开头部开一字槽的螺钉，如图1.9（a）所示。一般工作部分用碳素工具钢制成，并经淬火处理。其规格以刀体部分的长度表示，常用的规格有100 mm、150 mm、200 mm和300 mm等几种。使用时，应根据螺钉沟槽的宽度选用相应的规格。

2. 十字槽螺钉旋具

十字槽螺钉旋具又称十字形起子、十字改锥，用于旋紧或松开头部带十字沟槽的螺钉，其材料和规格与一字螺钉旋具相同，如图1.9（b）所示。

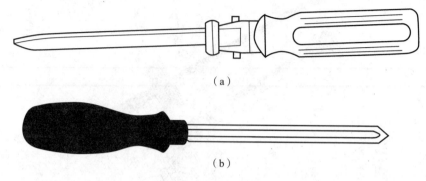

图1.9 螺钉旋具

（a）一字槽螺钉旋具；（b）十字槽螺钉旋具

### （三）钳子

钳子多用来弯曲或安装小零件、剪断导线或螺栓等，其有很多类型和规格。

**1. 鲤鱼钳和克丝钳**

如图1.10所示，鲤鱼钳钳头的前部是平口细齿，适用于夹捏小零件；中部凹口粗长，用于夹持圆柱形零件，也可以代替扳手旋小螺栓、小螺母；钳口后部的刃口可用于剪切金属丝。由于一片钳体上有两个互相贯通的孔，又有一个特殊的销子，所以操作时钳口的张开度可很方便地变化，以适应夹持不同大小的零件，是汽车维修作业中使用最多的手钳。其规格以钳长来表示，一般有165 mm、200 mm两种，用50号钢制造。

克丝钳的用途和鲤鱼钳相仿，但其支销相对于两片钳体是固定的，故使用时不如鲤鱼钳灵活，但剪断金属丝的效果比鲤鱼钳要好，其规格有150 mm、175 mm、200 mm三种。

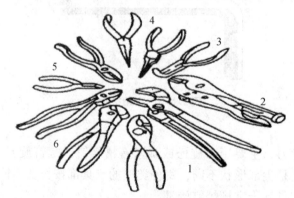

图1.10 常用钳子类型

1—鲤鱼钳；2—夹紧钳；3—钩钳；4—尖嘴钳；5—组合钢丝钳；6—剪钳

**2. 尖嘴钳**

如图1.10所示，因其头部细长，所以能在较小的空间内工作，带刃口的能剪切细小零件，使用时不能用力太大，否则钳口头部会变形或断裂。其规格以钳长来表示，常用的有160 mm一种。

在汽车维修中，应根据作业内容选用适当类型和规格（按长度分）的钳子，不能用钳子拧紧或旋松螺纹连接件,以防止螺纹件被倒圆,也不可将钳子当撬棒或锤子使用,以免钳子损坏。

**(四)锤子**

汽车维修中常用的锤子有手锤、木槌和橡胶锤。手锤通常用工具钢制成,规格按锤头质量划分。使用时应使锤头安装牢靠,手握锤柄末端,用锤头正面击打物体。木槌和橡胶锤主要用于击打零件加工表面,以保护零件不被损坏。

**(五)活塞环拆装钳**

活塞环拆装钳是一种专门用于拆装活塞环的工具,如图1.11所示。维修发动机时,必须使用活塞拆装钳拆装活塞环。

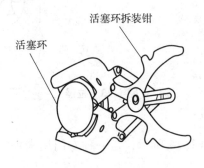

图1.11 活塞环拆装钳

使用活塞环拆装钳时,将拆装钳上的环卡卡住活塞环开口,握住手把稍稍均匀地用力,使拆装钳手把慢慢地收缩,环卡将活塞环徐徐地张开,使活塞环能从活塞环槽中取出或装入。

使用活塞环拆装钳拆装活塞环时,用力必须均匀,以避免用力过猛而导致活塞环折断,同时能避免伤手事故。

**(六)气门弹簧拆装架**

气门弹簧拆装架是一种专门用于拆装顶置气门弹簧的工具,如图1.12所示。使用时,将拆装架托架的抵住气门,压环对正气门弹簧座,然后压下手柄,使得气门弹簧被压缩。这时可取下气门弹簧锁销或锁片,慢慢地松抬手柄,即可取出气门弹簧座、气门弹簧和气门等。

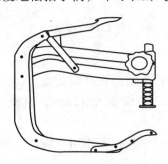

图1.12 气门弹簧拆装架

**(七)拉器**

拉器是用于拆卸过盈配合安装于轴上的齿轮或轴承等零件的专用工具。常用拉器为手动式,即在一杆式弓形叉上装有压力螺杆和拉爪。使用时,在轴端与压力螺杆之间垫一垫板,用拉器的拉爪拉住齿轮或轴承,然后拧紧压力螺杆,即可从轴上拉下齿轮等过盈配合安装的零件，如图 1.13 所示。

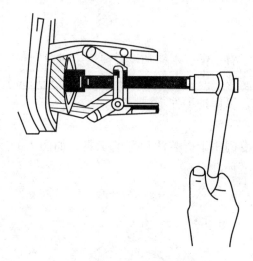

图 1.13　拉器

### （八）滑脂枪

滑脂枪又称黄油枪，如图 1.14 所示，是一种专门用来加注润滑脂（黄油）的工具。其使用方法如下：

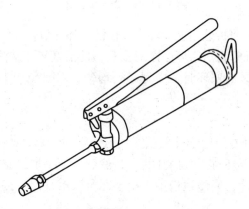

图 1.14　滑脂枪

1. 填装黄油

（1）拉出拉杆使柱塞后移，拧下滑脂枪缸筒前盖。

（2）把干净的黄油分成团状，徐徐装入缸筒内，且使黄油团之间尽量相互贴紧，以便于缸筒内的空气排出。

（3）装回前盖，推回拉杆，柱塞在弹簧作用下前移，使黄油处于压缩状态。

2. 注油方法

（1）把滑脂枪接头对正被润滑的黄油嘴（滑脂嘴），直进直出，不能偏斜，以免影响黄油加注，减少润滑脂的浪费。

（2）注油时，如注不进油，应立即停止，并查明堵塞的原因，排除后再进行注油。

3. 加注润滑脂时不进油的主要原因

（1）滑脂枪缸筒内无黄油或压力缸筒内的黄油间有空气。

(2)滑脂枪压油阀堵塞或注油接头堵塞。
(3)滑脂枪弹簧疲劳过软而造成弹力不足或弹簧折断而失效。
(4)柱塞磨损过甚而导致漏油。
(5)油脂嘴被泥污堵塞而不能注入黄油。

**(九)千斤顶**

千斤顶是一种最常用、最简单的起重工具,按照其工作原理可分为机械丝杆式和液压式,如图1.15所示。按照所能顶起的质量可分为3 000kg、5 000kg、9 000kg等多种不同规格。目前广泛使用的是液压式千斤顶,现以液压式千斤顶为例,介绍其使用方法。

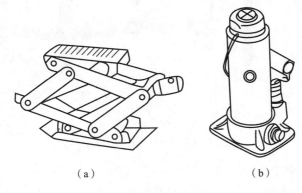

(a)　　　　　　(b)

图1.15　千斤顶
(a)机械丝杆式;(b)液压式

(1)起顶汽车前,应把千斤顶顶面擦拭干净,拧紧液压开关,把千斤顶放置于被顶部位的下部,并使千斤顶与被顶部位相互垂直,以防千斤顶滑出而造成事故。

(2)旋转顶面螺杆,改变千斤顶顶面与被顶部位的原始距离,使起顶高度符合汽车需要的顶置高度。

(3)用三角形垫木将汽车着地车轮前后塞住,防止汽车在起顶过程中发生溜车事故。

(4)用手上下压动千斤顶手柄,使被顶汽车逐渐升到一定高度,在车架下放入搁车凳,禁止用砖头等易碎物支垫汽车。落车时,应先检查车下是否有障碍物,并确保操作人员的安全。

(5)徐徐拧松液压开关,使汽车缓缓平稳地下降,架稳在搁车凳上。

使用注意事项:

(1)汽车在起顶或下降过程中,禁止在汽车下面进行作业。

(2)应徐徐拧松液压开关,使汽车缓慢下降,汽车下降速度不能过快,否则易发生事故。

(3)在松软路面上使用千斤顶起顶汽车时,应在千斤顶底座下加垫一块有较大面积且能承受压力的材料(如木板等),防止千斤顶由于汽车重压而下沉。千斤顶与汽车接触位置应正确、牢固。

(4)千斤顶把汽车顶起,当液压开关处于拧紧状态时,若发生自动下降故障,则应立即查找原因,及时排除故障后方可继续使用。

(5)如发现千斤顶缺油,应及时补充规定油液,不能用其他油液或水代替。

（6）千斤顶不能用火烘热，以防皮碗、皮圈损坏。
（7）千斤顶必须垂直放置，以免因油液渗漏而失效。

**（十）汽车举升器**

为了改善劳动条件，增大空间作业范围，汽车举升器在汽车维修中的使用日益广泛。汽车举升器按立柱数不同可分为双立柱式、四立柱式，如图1.16所示；按结构特点不同可分为电动机械举升器和电动液压举升器。

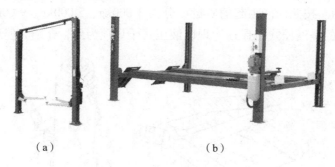

图1.16 举升器
（a）双立柱式；（b）四立柱式

汽车举升器使用注意事项：
（1）车辆的总质量不能大于举升器的起升能力。
（2）根据车型和停车位置的不同，尽量使汽车的重心与举升器的重心相接近；严防偏重，为了打开车门，汽车与立柱间应留有一定的距离。
（3）转动、伸缩、调整举升臂至汽车底盘指定位置并接触牢靠。
（4）汽车举高前，操作人员应检查汽车周围人员的动向，防止意外事故的发生。
（5）汽车举升时，要在汽车离开地面较低位置进行反复升降，无异常现象时方可举升至所需高度。
（6）汽车举升后，应落槽于棘牙之上并立即进行锁紧。

**（十一）起重吊车**

常用的吊车有门式、悬臂式、单轨式和梁式四种类型。在汽车拆装实训中使用最多的是悬臂式吊车，其分为机械式和液压式两大类。

1. 机械式悬臂吊车

通过手柄转动绞盘和棘轮，收缩或放长铁链使重物上升或下降，可做短距离移动。

2. 液压式悬臂吊车

起吊时，由于油泵的作用，使压力油进入工作油缸内，推动顶杆外移，使重物起吊。打开放油阀，工作缸内的油流回油箱，压力降低，使重物下降。

起重设备使用注意事项：
（1）吊运重物不允许超过核定载荷。
（2）钢丝绳及绳扣应安装牢固。
（3）吊件应尽量靠近地面，以减小晃动。下放吊件时，要平稳，不可过急。
（4）严禁用吊车拖拉非起吊范围内的吊件。

## 三、任务评价表

填写 1.1 所示的任务评价表。

表 1.1　任务评价表

| | 评价内容 | 评价等级 | | |
|---|---|---|---|---|
| 任务 | 综合能力测评：<br>1. 请在对应条目的○内打"√"或"×"，不能确定的条目不填，可以在小组评价时让本组同学讨论并写出结论。<br>2. 评价结果全对得😎，错一项得🙂，错两项或以上得☹ | | | |
| 综合能力测评任务 | ○按时到场　○工装齐备　○书、本、笔齐全 | | | |
| | ○安全操作　○责任心强　○7S管理规范 | | | |
| | ○学习积极主动　○合理使用教学资源　○主动帮助他人 | | | |
| | ○接受工作分配　○有效沟通　○高效完成工作任务 | | | |
| 专业能力测评任务 | 操作规范 | | | |
| | 完工检验 | | | |
| 小组评语及建议 | 他（她）做到了：<br><br>他（她）的不足：<br><br>给他（她）的建议： | 组长签名：<br><br><br>年　月　日 | | |
| 教师评语及建议 | | 评价等级：<br>教师签名：<br>年　月　日 | | |

## 学习任务 2　量具的认识与使用

### 一、计划与准备

汽车维护保养中要使用各种测量仪器，这些量具只有使用得当才能保证工作安全和准确，故在进行维护保养前不仅要了解量具的功能和用法，还要能根据零件尺寸正确选择适合的量具，并要注意培养良好的工作习惯，如确保工具放置有序，用后清洁、涂油并放回正确的位置等。

### 二、任务实施

**（一）钢板尺**

钢板尺是一种最简单的测量长度直接读数的量具，用薄钢板制成，常用来粗测工件的长度、宽度和厚度。常见钢板尺的规格有 150 mm、300 mm、500 mm、1 000 mm 等。

**（二）卡钳**

卡钳是一种间接读数的量具，在卡钳上不能直接读出尺寸，必须与钢板尺或其他刻线量具配合测量。常用的有内卡钳和外卡钳，如图 1.17 所示，内卡钳用来测量内径、凹槽等，外卡钳用来测量外径和平行面等。

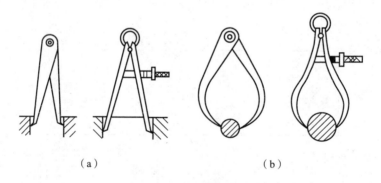

图 1.17　常用卡钳类型
（a）内卡钳；（b）外卡钳

**（三）游标卡尺**

游标卡尺主要用来测量零件的内外直径和孔（槽）的深度等，其精度有 0.10 mm、0.05 mm、0.02 mm 三种。测量时，应根据测量精度的要求选择合适精度的游标卡尺，并擦净卡脚和被测零件的表面。测量时将卡脚张开，再慢慢地推动游标，使两卡脚与工件接触，禁止硬卡硬拉。使用后要把游标卡尺卡脚擦净，并涂油后放入盒中。

游标卡尺由尺身、游标、活动卡脚和固定卡脚等组成。常用精度为 0.10 mm 的游标卡尺如图 1.18 所示，其尺身上每一刻度为 1 mm，游标上每一刻度表示 0.10 mm。读数时，先看游标上"0"刻度线对应的尺身刻度线读数，再找出游标上与尺身某一刻度线对得最齐的一条线的读数，测量的读数即尺身读数加上 0.1 倍的游标读数。

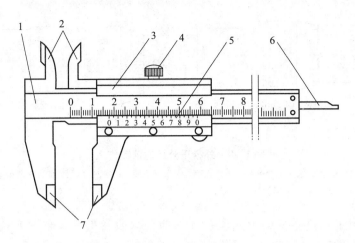

**图 1.18　游标卡尺**

1—尺身；2—刀口内量爪；3—尺框；4—固定螺钉；5—游标；6—深度尺；7—外量爪

### （四）外径千分尺

外径千分尺是比游标卡尺更精密的量具，其精度为 0.01 mm。外径千分尺的规格按量程划分，常用的有 0～25 mm、25～50 mm、50～75 mm、75～100 mm、100～125 mm 等，使用时应按零件尺寸选择相应规格。外径千分尺的结构如图 1.19 所示。使用外径千分尺前，应检查其精度，检查方法是旋动棘轮，当两个砧座靠拢时，棘轮发出两三声"咔咔"的响声，此时，活动套管的前端应与固定套管的"0"刻度线对齐，同时活动套管的"0"刻度线还应与固定套管的基线对齐，否则需要进行调整。

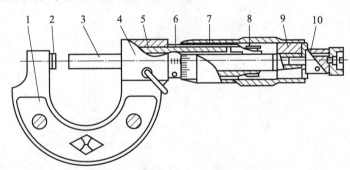

**图 1.19　外径千分尺的结构**

1—尺架；2—砧座；3—测微螺杆；4—锁紧装置；5—螺纹轴套；6—固定套管；
7—微分筒；8—螺母；9—接头；10—测力装置

注意：测量时应擦净两个砧座和工件表面，旋动砧座接触工件，直至棘轮发出两三声"咔咔"的响声时方可读数。

外径千分尺的读数方法如图 1.20 所示。外径千分尺固定套管上有两组刻线，两组刻线之间的横线为基线，基线以下为毫米刻线，基线以上为半毫米刻线；活动套管上沿圆周方向有 50 条刻线，每一条刻线表示 0.01 mm。读数时，固定套管上的读数与 0.01 倍的活动套管读数之和即为测量的尺寸。

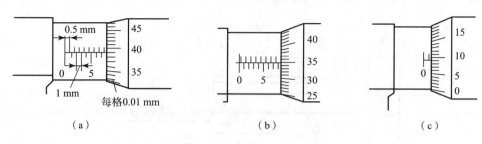

图1.20 外径千分尺的读数方法

(a) 正确读数为7.89mm；(b) 正确读数为8.35mm；(c) 正确读数为0.59mm

### （五）百分表

百分表主要用于测量零件的形状误差（如曲轴弯曲变形量、轴颈或孔的圆度误差等）或配合间隙（如曲轴轴向间隙），常见百分表有0~3 mm、0~5 mm和0~10 mm三种规格。百分表的刻度盘一般为100格，大指针转动一格表示0.01 mm，转动一圈为1 mm，小指针可指示大指针转过的圈数。

在使用时，百分表一般要固定在表架上，如图1.21所示。用百分表进行测量时，必须首先调整表架，使测杆与零件表面保持垂直接触且有适当的预缩量，并转动表盘使指针对正表盘上的"0"刻度线，然后按一定方向缓慢移动或转动工件，测杆则会随零件表面的移动自动伸缩。测杆伸长时，表针顺时针转动，读数为正值；测杆缩短时，表针逆时针转动，读数为负值。

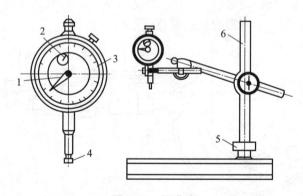

图1.21 百分表

1—大指针；2—小指针；3—刻度盘；4—测头；5—磁力表座；6—支架

### （六）量缸表

量缸表又称内径百分表，主要用来测量孔的内径，如气缸直径、轴承孔直径等。量缸表主要由百分表、表杆和一套不同长度的接杆等组成，如图1.22所示。

测量时首先根据气缸（或轴承孔）直径选择长度合适的接杆，并将接杆固定在量缸表下端的接杆座上；然后校正量缸表，将外径千分尺调到被测气缸（或轴承孔）的标准尺寸，再将量缸表校正到外径千分尺的尺寸，并使伸缩杆有2 mm左右的压缩行程，旋转表盘使指针对准零位后即可进行测量。

注意：测量过程中，必须前后摆动量缸表以确定读数最小时的直径位置，同时还应在一定角度内转动量缸表以确定读数最大时的直径位置。

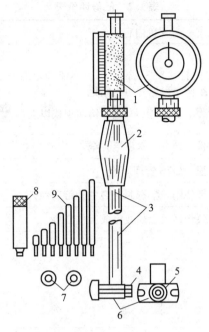

图 1.22 量缸表

1—百分表；2—绝缘套；3—表杆；4—接杆座；5—活动测头；
6—支承架；7—固定螺母；8—加长接杆；9—接杆

### （七）厚薄规

厚薄规又名塞尺，如图 1.23 所示，主要用来测量两平面之间的间隙。厚薄规由多片不同厚度的钢片组成，每片钢片的表面刻有表示其厚度的尺寸值。厚薄规的规格以长度和每组片数来表示，常见的长度有 100 mm、150 mm、200 mm、300 mm 四种，每组片数有 2～17 等多种。

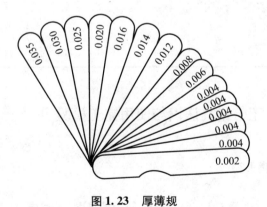

图 1.23 厚薄规

在汽车维修中，厚薄规常用来测量零件之间的配合间隙，如气门间隙、曲轴轴向间隙等。

### 三、任务评价表

填写 1.2 所示任务评价表。

表 1.2　任务评价表

| | 评价内容 | 评价等级 | | |
|---|---|---|---|---|
| 任务 | 综合能力测评：<br>1. 请在对应条目的○内打"√"或"×"，不能确定的条目不填，可以在小组评价时让本组同学讨论并写出结论。<br>2. 评价结果全对得😎，错一项得🙂，错两项或以上得☹ | 😎 | 🙂 | ☹ |
| 综合能力测评任务 | ○按时到场　○工装齐备　○书、本、笔齐全 | | | |
| | ○安全操作　○责任心强　○7S 管理规范 | | | |
| | ○学习积极主动　○合理使用教学资源　○主动帮助他人 | | | |
| | ○接受工作分配　○有效沟通　○高效完成工作任务 | | | |
| 专业能力测评任务 | 操作规范，测量准确 | | | |
| | 完工检验 | | | |
| 小组评语及建议 | 他（她）做到了：<br><br>他（她）的不足：<br><br>给他（她）的建议： | 组长签名：<br><br><br>年　月　日 | | |
| 教师评语及建议 | 评价等级：<br>教师签名： | <br><br>年　月　日 | | |

# 学习任务 3　工、量具认识与使用完工检验表

## 一、完工记录（见表 1.3）

表 1.3　工、量具认识与使用完工检验表

| 检验项目 | 检验结果 | | | 备注 |
|---|---|---|---|---|
| | 😎 | 🙂 | ☹ | |
| 各种扳手操作 | | | | |
| 螺钉旋具操作 | | | | |

续表

| 检验项目 | 检验结果 | | | 备注 |
|---|---|---|---|---|
| | 😎 | 😊 | ☹ | |
| 千斤顶操作 | | | | |
| 举升机操作 | | | | |
| 游标卡尺测量与读数 | | | | |
| 外径千分尺测量与读数 | | | | |
| 厚薄规测量与读数 | | | | |

二、根据所学知识，提出工、量具使用的合理化建议，并进行展示（见表1.4）

表 1.4　工、量具使用的合理化建议

## 练习题

1. 各类扳手的选用原则是什么？
2. 外径千分尺的使用注意事项是什么？

# 项目二

## 新车交验

班级：_____ 姓名：_____ 学号：_____ 工号：_____ 日期：_____ 测评等级：_____

| 工作任务 | 新车检查前准备 | 教学模式 | 任务驱动 |
|---|---|---|---|
| 建议学时 | 8 | 教学地点 | 一体化实训室 |
| 任务描述 | 销售人员将预售车开到车间，安排汽车维修技师进行新车交付检查 | | |
| 学习目标 | 1. 能通过车辆维修手册、新车使用说明书等资料获取车辆相关信息。<br>2. 能帮助客户正确识别车辆铭牌、车辆识别代码，帮助客户了解车辆主要尺寸、参数、性能等。<br>3. 会新车检验方法。<br>4. 能在销售过程中帮助客户解决问题 | | |
| 学习准备 | 1. 设备器材：工具、量具、维修手册等。<br>2. 分成 7 个小组。 | | |

小组人员岗位分配表（由组长分配）

| 工作岗位 | 时段一<br>___年___月___日___时___分至___时___分 | 时段二<br>___年___月___日___时___分至___时___分 |
|---|---|---|
| 主修人员（1人） | | |
| 辅修人员（1人） | | |
| 工具管理（1人） | | |
| 零件摆放（1人） | | |
| 安全监督（1人） | | |
| 质量检验（1人） | | |
| 7S监督（2~4人） | | |

续表

| 工作任务 | 新车检查前准备 | | 教学模式 | 任务驱动 |
|---|---|---|---|---|
| 建议学时 | 2 | | 教学地点 | 一体化实训室 |
| 车辆基本信息 | 车辆型号 | | 生产厂家 | |
| | 车架号 | | 发动机型号 | |
| | 车身底盘号 | | 燃料 | |
| | 出厂时间 | | 购车日期 | |

## 学习任务1 新车铭牌、附件检查

### 一、任务的计划与准备

1. 任务描述

客户购买一辆丰田卡罗拉轿车，销售人员要对汽车实施交车前的检验（PDS）。本单元介绍如何填写PDS新车检查表及对交付的新车功能进行检验。

2. 车型信息

车型：卡罗拉 2014款 1.6L CVT GLX-i 导航版。

发动机型号：1.6L 122马力 L4。

变速器型号：CVT无级变速。

3. 设备工具准备

新车4辆，随车工具，车辆合格证，车辆三包服务卡，保养手册—定期保养记录簿，钥匙，点烟器等。

4. 场地准备

工位，举升机，检测仪器，常用工具。

### 二、任务实施

（一）认识车身铭牌、识别代码

1. 车身铭牌的识别

车辆识别代码：英文名称为 Vehicle Identification Number，简称为 VIN。VIN是指车辆生产企业为了识别某一辆车而为该车辆指定的一组字码，这个代号是由制造厂按照一定的规则，依据本厂的实际而指定的。车辆识别代号中含有车辆的制造厂家、生产年代、车型、车身型式、发动机以及其他装备的信息，如图2.1所示。

2. 车身铭牌强制性标准依据

VIN编制规则依据 GB 16735—2004《道路车辆 车辆识别代号（VIN）》制定。GB 16735—2004是强制性国家标准，其全部技术内容均具有强制性。GB 16735—2004制定的参照标准：

图 2.1 车身识别代码

1）ISO 3779—1983《道路车辆 车辆识别代号（VIN）内容与构成》（英文版）。
2）ISO 4030：1983《道路车辆 车辆识别代号（VIN）位置与固定》（英文版）。
3）美国联邦法典第 49 卷：
CFR49§565《车辆识别代号 内容要求》；
CFR49§568《按两阶段或多阶段制造的车辆》；
CFR49§571.115《车辆识别代号 基本要求》。

因此，GB 16735—2004《道路车辆 车辆识别代号（VIN）》规定了车辆识别代号的内容与构成及车辆识别代号在车辆上的位置与固定要求。同时，其根据我国车辆制造厂的车辆识别代号实际使用状况，给出了车辆识别代号的管理要求。

3. 车辆识别代码组成

VIN 应由三部分组成：车辆识别代号的第一部分为世界制造厂识别代号（WMI）、第二部分为车辆说明部分（VDS）、第三部分为车辆指示部分（VIS），共 17 位字码，如图 2.2 所示。

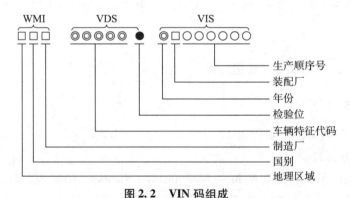

图 2.2 VIN 码组成
□——代表字母；◎/●——代表字母或数字；○——代表数字

4. 车辆识别代码标记方式

每辆车的车辆识别代码应标示在车辆部件上（玻璃除外），该部件除修理以外是不可拆的；车辆识别代号也可以标示在永久性地固定于上述车辆部件上的一块标牌上，此标牌不损坏则不能拆掉。如果制造厂愿意，允许在一辆车上同时采取以上两种表示方法，如图 2.3 和图 2.4 所示。

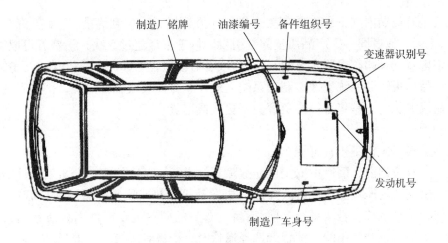

图 2.3　车身铭牌、识别代码位置

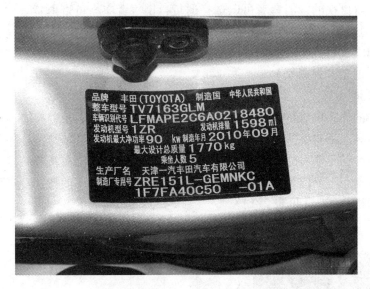

图 2.4　车身铭牌

5. 车身附件检查

（1）随车工具

随车工具包括千斤顶、千斤顶摇把、三角警示牌、杂物固定网兜、拖车钩、灭火器、轮胎扳手、双头改锥和开口扳手等。

注意：急加速或紧急制动或发生事故时，散装在随车工具盒里的工具和备用车轮可能被抛离原位，致伤人员，所以必须将随车工具和备用车轮固定在行李厢内；使用不合适或损坏的工具可能引发事故，致伤人员。

（2）车辆合格证

合格证是汽车另一个重要的凭证，也是汽车登记时必备的证件。

（3）三包服务卡

1）换车。

①同一故障修理超过 5 次可换车。

②在三包有效期内（三包有效期为2年或5万公里，以先到为准），如果汽车修理时间累计超过35天，或者同一个产品质量问题引发的修理累计超过5次，消费者可以换车。

③自销售者开具购车发票之日起60日内或者行驶里程3 000公里之内（以先到者为准）家用汽车产品出现转向系统失效、制动系统失效、车身开裂或燃油泄漏，消费者选择更换家用汽车产品或退货的，销售者应当负责免费更换或退货。

2）退车。

①发动机换两次仍不正常可退车。

②在三包有效期内，因严重安全性能故障累计进行了两次修理，严重安全性能故障仍未排除或者又出现新的严重安全性能故障的；或发动机、变速器累计更换两次后仍不能使用；或转向系统、制动系统、悬架系统、前/后桥、车身的同一主要零件因其质量问题，累计更换2次后，仍不能正常使用的，消费者选择退货时，销售者应当负责退货。

③如果家用汽车产品符合更换条件，销售者无同品牌、同型号产品，也无不低于原车配置的产品向消费者更换的，消费者可以选择退货，销售者应当负责退货。

3）修车超过5天，车主有权开备用车。

在包修期内，家用汽车产品出现产品质量问题，消费者凭三包凭证由修理者进行免费修理（其中包括工时费和材料费）。

（4）用户手册

使用手册中的插图可以帮助消费者了解轿车，但其可能不同于消费者所购轿车，故应将其视作一般性指导。用户手册介绍车辆车型及可能配备的所有设备，不注明其属选装装备还是标准装备。因此，车辆可能没有本手册介绍的某些装备，或仅在某些特定市场里销售的轿车才配有这些装备。车辆的装备应核对购车合同，有关详情应咨询特许经销商。

（二）车身附件检查（见表2.1）

表2.1 车身附件检查

检查随车工具：随车工具和备用车轮可能位于行李厢内的不同位置。

（1）用于拧车轮螺栓的内六角套筒的螺丝刀，螺丝刀刀头可拆卸。螺丝刀可能装在套筒扳手下面。

（2）防盗车轮螺栓接头。建议将防盗车轮螺栓接头装在随车工具盒内，随车携带。防盗车轮螺栓接头的前端打印有防盗车轮螺栓代码，丢失接头后到特许经销商处配制接头时须出示该代码，故应记住并妥善保管防盗车轮代码，但勿将代码放在车内。

（3）可拆卸牵引环。

（4）用于拉下车轮罩和车轮螺栓防护帽的钢丝钩。

（5）千斤顶。将千斤顶装入随车工具盒前必须将千斤顶臂完全折合。

（6）车轮螺栓套筒扳手。

（7）千斤顶摇把

续表

| 合格证 | 检查车辆合格证 |
|---|---|
| 三包服务卡 | 检查三包服务卡 |
| 用户手册 | 检查用户手册 |
| 保养手册和保养记录簿 | 检查保养手册、定期保养记录簿 |

1. 外观检查（见图2.5）

图2.5　车身外观

（1）车身平整度

检查车身钢板、保险杠的平整度，不应该出现不正常的凹陷、凸起。车体防擦条及装饰线应平直，过渡圆滑，接口处缝隙一致。

（2）车身漆面

仔细察看各处漆面，尤其是一些容易在运输过程中被剐蹭的部位。车表面颜色应该协调、均匀、饱满、平整和光滑，无针孔、麻点、皱皮、鼓泡、流痕和划痕等，异色边界应分色清晰。

（3）车窗玻璃

检查玻璃有无损伤和划痕，重点检查前挡风玻璃的视觉效果。前挡风玻璃必须具有良好的透光性，不能出现气泡、折射率异常的区域。

（4）车身装配

检查前机器盖、后备厢盖、车门、油箱盖、大灯、尾灯等处的缝隙是否均匀，同邻近位置的车身是否处于同一平面，有无错位等现象。检查各处开启、关闭时是否顺畅，声音是否正常，可以适当多开关几次。此时，一并检查各处密封条是否完好、均匀、平整，各门把手或开关是否方便、可靠。

2. 内饰检查（见图2.6）

（1）洁净程度

检查车内各处的洁净程度，应该没有任何污物，尤其是角落等处。同时应该检查所有饰

图 2.6　车身内饰

件表面是否有破损的地方，如中空台、座椅、车顶、车地面等。

（2）座椅

座椅表面应清洁、完好，乘坐时应该基本舒适，不应该感觉到座椅内有异物影响乘坐。如果座椅可以进行多方向调节，应该进行调整测试，必须能够达到各个方向的限位点，且调整过程能够保持平顺、无异响。如果后座可以进行折叠，应该检查折叠的效果。如果座椅可以放倒一定角度，应该进行角度方面的调整测试。如果头枕可调，也应该进行调整检查。

（3）中控台

检查中控各部分是否完整、按键是否可靠、表面是否整洁，不应该有划痕和污迹。带有遮阳板、化妆镜的可以一并检查。对于车内其他按键也一并在点火前进行初步检查，如中控门锁，窗及后排空调开关，方向盘上的转向、灯光开关，等等。

（4）储物空间

检查车内每一个储物空间的整洁度及开启、锁闭的可靠性。目前车内储物空间很多，尽量不要遗漏，如中控台部分的多个储物盒，车门、座椅下面和后面及前后中央扶手等处。

（5）安全带

仔细检查每一条安全带拉开、自动回收、锁止的可靠性，应该平稳顺畅。模拟并检查保险带发生作用时的可靠性（即用手特别迅速地拉动安全带）。如果是高低可调的安全带，还应该进行调整测试。

（6）后备厢

检查后备厢空间是否干净、内侧衬板是否平整，如果是遥控开启或是车内开启方式的，应该多检查一下开启是否顺利和上锁是否可靠。一般都会把灭火器、随车工具、备胎放在车内（通常有衬板进行隔离），应该注意检查，看看是否齐全、固定是否可靠。

3. 发动机静态检查

（1）发动机舱（见图2.7）

打开发动机罩，察看发动机及附件有无油污、灰尘，尤其是缸盖与缸体接合处、机油滤清器接口处及空调压缩机、转向助力泵、传动轴等结合缝隙处有无渗漏。检查各种液面

（冷却液、发动机机油、制动液、转向助力液、电解液、制冷剂、玻璃水等）是否处于最高和最低刻度之间的正常值范围内。检查电瓶线是否已经进行可靠固定，其不能松动，否则将影响电路的可靠性。

图 2.7　发动机舱

（2）底盘部分（见图 2.8）

检查汽车有无（冷却液、润滑液、制动液、电解液及制冷液、油路）泄漏现象。此时，一并检查机器各部位是否有漏油现象。

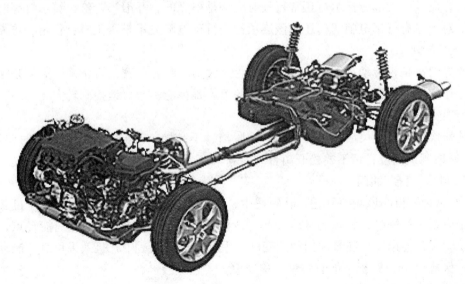

图 2.8　底盘

4. 发动机怠速检查（见图2.9）

(1) 发动机怠速

发动机点火应该短暂且顺利，起动后发动机转速应平稳，无抖动和杂音。发动机的噪声不应该刺耳，同时方向盘、挡把等不应该抖动。起动一小段时间后，发动机转速表应该维持在一定数值范围内（800～1 200r），指针应该很稳定。过一段时间以后，还应该检查水温表（70℃～90℃）、机油温度表等显示是否正常。

图2.9 怠速仪表

(2) 仪表盘

检查仪表盘显示是否清楚，各指示灯及转速、速度、油表、水温表、里程表、时钟、电压表等是否正常（有一些自检灯只在起动时闪几下，请留意）。通常有ABS、刹车、车门开启提示、机油警示、刹车片过薄警示、水温异常、油温异常、未系安全带、灯光、转向等多个指示灯，而其中大部分指示灯正常行驶时应该是不亮的，一般当有红色警示灯亮时应该加以注意。对于带有行车电脑的，还应该逐项检查行车电脑显示是否正常、稳定、可靠。

(3) 方向盘

检查方向盘是否转动自如、自由行程是否过大、回轮后位置是否正确。如果是多向可调方向盘，还应该测试调节是否方便，是否在各个位置都能够很好地控制转向。

(4) 变速箱

变速器换挡应轻便灵活、挡位准确，不脱挡、不乱挡、无异响，连续换挡时应该流畅。（应该是原地测试挡位，请不要松开离合或者刹车。）

(5) 制动/离合/油门

制动/离合踏板应该脚感舒适、软硬适中，且行程应该适当，自由行程不应过长，在整个行程中应该平稳顺畅，无异响异动（此时请保持空挡或驻车挡）。油门只能轻点，发动机应该给予响应，转速应该随着油门稳定变动。手刹行程应该适中，且效果可靠。制动踏板踩到最大，保持1min，踏板不能有缓慢下移现象。

(6) 后视镜/车窗/天窗

应该对后视镜、车窗、天窗进行逐一检查，在开启、闭合的过程中应该自如、平稳、顺畅，不应该有明显的噪声。后视镜应该视野合理、成像清晰，两侧后视镜及中央后视镜经过调整后应该能够基本覆盖身后视野。车窗应该洁净、平整，视线清晰。带有天窗的，应该对天窗的滑动/开启/倾斜项目等进行检查。如果车窗/天窗是一键式或带防夹功能的，应该在保证安全的条件下进行必要的测试。各项调节功能，尤其是电动调节功能必须都能够调整到最大限位，带有后视镜折叠功能（电动或者手动）的需要测试折叠的可靠性。如果是带有记忆功能的高级轿车，还应该对记忆功能进行测试。

(7) 灯光

依次检查各项灯光（示宽灯、近光灯、远光灯、雾灯、转向灯、刹车灯、倒车灯、高位刹车灯、仪表盘照明、车门灯、阅读灯、化装灯、储物箱照明灯、后备厢照明灯，等等），灯光应该明亮、稳定，开关应当可靠。对称安装的灯的类型、规格、充色及照射高度应一致；变换远近灯光，亮度及照射位置应正确，不偏离、散光；各种灯的安装及光度应符合厂家出厂要求。

(8) 雨刷系统

检查各挡位（慢速、间歇、快速、自动感应、多级可调）速度是否合理（绝对不要在无水情况下使用雨刷器），喷水系统是否工作正常。雨刷扫过玻璃时，应该基本上没有刮玻璃的噪声，且扫水方面没有明显的遗漏。

(9) 空调

空调系统出风正常，调整冷热后应该能够在一定时间内吹出冷/热风。调整风口应该可以顺利关闭、开启或者转向指定角度，带风口开度调节的应该同时测试开度。调整风的循环模式（如内外循环、除霜模式、出风模式等）时，应该立刻给予响应，且各风口的风量应相应做出变更。出风口不应该吹出过多的污物，且在风量不是很大时不应该有明显的风声。如果是自动空调，可以感觉一下温控功能是否可靠、准确。如果带有电辅助加热后视镜、后挡风、座椅的，还应该对其进行通断及效果测试。

(10) 音响/影音系统

检查卡带/收音机/CD运转时的效果（提车前请准备好卡带、CD），注意静电噪声、接收灵敏度、抗干扰能力（可以将手机放在旁边然后拨号）、音质、挑碟、换碟等方面是否正常、可靠。对于多喇叭系统，应该留意每个喇叭是否都能够正常发声，并通过调节音响的高低音、左右声道、前后音场、混音模式等进行进一步检查。如果是带有影视系统、导航系统的车型，还应该对这些系统进行逐一测试。

5. 行使中的检查

(1) 起步

起步过程应该平稳，无抖动现象，且发动机、变速箱等处没有异响。

(2) 加速

加速时（新车不要急加速）发动机转速过度应平稳，且无突爆声及断火、回火和放炮现象，仪表盘相应的指针应反应灵敏。在加速过程中，换挡时（2 000～3 000r即可）不应该有顿挫现象，应该基本处于平稳加速的状态。

(3) 正常行驶

以不同车速（30 km/h、60 km/h、90 km/h）行驶过程中整车均应平稳，车内无明显噪声（最高时速较低的小排量车可能会在速度较高的情况下出现较大噪声）。稳定于某一车速时，发动机应无异常响声，仪表盘相应指针应平稳、无明显波动。

(4) 转向

行驶中转向机构应操纵灵活，做"O"形行驶，检查转弯半径，当车轮转到极限位置时，不应与其他部位有干涉现象（机械式方向助力的，不宜把方向打死，否则可能损毁助力系统）；做"S"形行驶，检查转弯的灵活性。行驶中遇凹凸不平或碾过石子时，轮胎产生跳动后应有自动回位的效能。以 20~30km/h 的速度直行时，手暂时离开方向盘，不应该出现跑偏、侧滑等现象。

（5）制动

低速制动时应该平稳，车身无点头现象；高速制动时应该灵敏、迅速、有力，不跑偏、不侧滑，制动距离应符合出厂规定。

（6）滑行

速度为 30 km/h 时摘挡，滑行距离应在 160m 以上（滑行距离同汽车的装配工艺、自重、轮胎、路况等有关）。

（7）泊车

停车入位时要充分感受后视镜、倒车雷达等的效果，转向系统应该准确、到位。整个行驶过程应该始终保持平稳、安静、舒适。

6. 行驶后的检查

（1）尾气

观察车后排气管出口排出的废气，应无烟（环境气温低时的蒸气除外）、无味。

（2）锁车

熄火后，散热风扇可能还会继续运转一段时间，其他部分应该已经停止运转。拔出钥匙后所有电器应该处于可靠断电状态，且方向盘方向被锁住。

（3）轮胎

检查轮胎是否出现异常磨损现象，温度是否过高：小心、快速地点触刹车盘、鼓，看看是否烫手（注意避免被烫伤）。

（4）泄漏

待发动机基本冷却后，打开机器盖复查是否有松动、漏油、漏水、漏电等问题，还应该检查汽车底部前后避振器、刹车泵、变速器、传动轴等处有无漏油现象。

7. 最后复检

（1）基本配置

按汽车配置表逐项确认，看配置是否齐全；或者在相同配置的情况下，有无搞错型号。

（2）随车附件

随车工具（扳手、千斤顶等）、脚垫、坐垫（有些车型可能不附带这些物品）。

（3）防盗系统

针对原车的防盗功能，进行非破坏性的非法进入、振动等方面的测试，检查防盗系统是否可靠。

（4）遥控功能

如带有遥控的，还应该检测遥控是否正常、可靠，遥控的灵敏度是否符合要求。

（5）钥匙

检查每把钥匙对每一把车锁（正副驾驶侧、后备厢、油箱盖等）的开启和锁止的可靠性。

至此，新车检验已经基本完成。如果在整个过程中发现了一些小问题，例如漆面划伤等，可以做一些简单处理，如果不能马上处理，应告知客户换一辆新车。如果在检查过程中发现了比较大的问题，例如发动机异常等，必须给予更换。如果没有任何问题，则告知客户可以将车开走。

## 二、现场设备、工具等准备（见表2.2）

表2.2 现场设备、工具等准备

| 名称 | 准备演示 | 讲解 | 说明 |
|---|---|---|---|
| 车辆场地准备 | | 最好与维修场地区别，建立新车交付区，因为维修车间的油污、垃圾等难免会影响到新车，而且也会给客户带来负面影响 | |
| 举升机 | | 现场必须有举升机，用于检查底盘 | |
| 世达工具 | | 螺栓、线路检测，发现有松动应及时安装好 | |

续表

| 名称 | 准备演示 | 讲解 | 说明 |
|---|---|---|---|
| 胎压表 | | 新车出厂后要经过运输、销售过程，需等待一段时间，所以胎压测量是必要的 | |
| 维修手册（大众维修手册） | | 当出现问题时应及时查阅维修手册 | |

### 三、任务评价表

填写表2.3所示的任务评价表。

表2.3 任务评价表

| | 评价内容 | 评价等级 | | |
|---|---|---|---|---|
| 任务 | 综合能力测评：<br>1. 请在对应条目的○内打"√"或"×"，不能确定的条目不填，可以在小组评价时让本组同学讨论并写出结论。<br>2. 评价结果全对得😎，错一项得🙂，错两项或以上得☹ | 😎 | 🙂 | ☹ |
| 综合能力测评任务 | ○按时到场　　○工装齐备　　○书、本、笔齐全 | | | |
| | ○安全操作　　○责任心强　　○7S管理规范 | | | |
| | ○学习积极主动　　○合理使用教学资源　　○主动帮助他人 | | | |
| | ○接受工作分配　　○有效沟通　　○高效完成工作任务 | | | |

续表

| 任务 | 评价内容 | | 评价等级 | | |
|---|---|---|---|---|---|
| | 综合能力测评：<br>1. 请在对应条目的○内打"√"或"×"，不能确定的条目不填，可以在小组评价时让本组同学讨论并写出结论。<br>2. 评价结果全对得 😎，错一项得 🙂，错两项或以上得 ☹ | | 😎 | 🙂 | ☹ |
| 专业能力测评任务 | 新车铭牌、附件检查 | | | | |
| | 完工检验 | | | | |
| 小组评语及建议 | 他（她）做到了：<br><br>他（她）的不足：<br><br>给他（她）的建议： | | 组长签名：<br><br><br>年 月 日 | | |
| 教师评语及建议 | | | 评价等级：<br><br>教师签名：<br><br>年 月 日 | | |

## 学习任务 2  新车检查实训（以卡罗拉汽车为例）

### 一、任务的计划与准备

1. 知识准备

新车检查项目：外观检查、内饰检查、发动机静态检查、发动机怠速检查、行驶中检查、行驶后检查，最后复检。

2. 设备准备

新车 4 辆，随车工具，车辆合格证，车辆三包服务卡，保养手册—定期保养记录簿，钥匙，点烟器等。

### 二、任务实施

新车检查项目及讲解见表 2.4。

表 2.4　新车检查

| 名称 | 检查演示 | 讲解 | 说明 |
|---|---|---|---|
| 外观检查 | | 检查车身平整度、车身漆面、车窗玻璃和车身装配 | |
| 内饰检查 | | 检查内饰洁净程度：座椅、中控台、储物空间、安全带、后备厢 | |
| 发动机静态检查 | | 检查冷却液、发动机机油、制动液、转向助力液、制冷剂、玻璃水等液面高度 | |
| | | 检查汽车有无（冷却液、润滑液、制动液、电解液及制冷液、油路）泄漏现象，按照箭头方向由1至2逐项检查 | |
| 发动机怠速检查 | | 检查仪表盘各指示灯是否正常、指针是否变化 | |

续表

| 名称 | 检查演示 | 讲解 | 说明 |
|---|---|---|---|
| 发动机怠速检查 | | 检查方向盘自由间隙（上下左右调整方向盘） | |
| | | 检查变速器换挡杆挡位是否清晰 | |
| | | 检查制动、手刹、离合器、加速踏板是否灵活 | |
| | | 检查后视镜及车窗、天窗升降是否灵活 | |
| | | 依次检查各项灯光：示宽灯、近光灯、远光灯、雾灯、转向灯、刹车灯、倒车灯、高位刹车灯、仪表盘照明灯、车门灯、阅读灯、化装灯、储物间照明灯、后备厢照明灯，等等 | |

续表

| 名称 | 检查演示 | 讲解 | 说明 |
|---|---|---|---|
| 发动机怠速检查 | | 检查雨刷系统喷雾情况及刮水情况是否正常 | |
| | | 检查空调是否制冷、制热，音响、影音系统是否正常 | |
| 行驶中检查 | | 检查起步、加速是否存在异响，转向是否灵活，制动效果是否良好 | |
| 行驶后检查 | | 检测尾气排放是否正常 | |

续表

| 名称 | 检查演示 | 讲解 | 说明 |
|---|---|---|---|
| 行驶后检查 | | 检查轮胎胎压，检查轮胎是否磨偏 | |
| 复检 | | 检查基本配置、型号与车主购买是否相符 | |
| | | 检查随车附件千斤顶、扳手等 | |
| | | 检查遥控钥匙锁车、解锁是否正常，防盗装置是否启用 | |

### 三、任务评价表

填写表 2.5 所示的任务评价表。

表 2.5 任务评价表

| 任务 | 评价内容 | | | 评价等级 | | |
|---|---|---|---|---|---|---|
| | 综合能力测评：<br>1. 请在对应条目的○内打"√"或"×"，不能确定的条目不填，可以在小组评价时让本组同学讨论并写出结论。<br>2. 评价结果全对得 ☺，错一项得 ☺，错两项或以上得 ☹ | | | 😎 | ☺ | ☹ |
| 综合能力测评任务 | ○按时到场　○工装齐备　○书、本、笔齐全 | | | | | |
| | ○安全操作　○责任心强　○7S管理规范 | | | | | |
| | ○学习积极主动　○合理使用教学资源　○主动帮助他人 | | | | | |
| | ○接受工作分配　○有效沟通　○高效完成工作任务 | | | | | |
| 专业能力测评任务 | 新车检查 | | | | | |
| | 完工检验 | | | | | |
| 小组评语及建议 | 他（她）做到了：<br><br>他（她）的不足：<br><br>给他（她）的建议： | | | 组长签名：<br><br><br>　　年　月　日 | | |
| 教师评语及建议 | | | | 评价等级：<br>教师签名：<br><br>　　年　月　日 | | |

## 学习任务3　新车完工检验

一、完工记录（见表2.6）

表 2.6　完工记录

| 检验项目 | 检验结果 | | | 备注 |
|---|---|---|---|---|
| | 😎 | ☺ | ☹ | |
| 外观检查 | | | | |
| 内饰检查 | | | | |

续表

| 检验项目 | 检验结果 | | | 备注 |
|---|---|---|---|---|
| | 😎 | 🙂 | ☹ | |
| 发动机静态检查 | | | | |
| 发动机怠速检查 | | | | |
| 行驶中检查 | | | | |
| 行驶后检查 | | | | |
| 复检 | | | | |

二、根据所学知识，提出新车检验的合理化建议，并进行展示（见表2.7）

表2.7 新车检验建议

| |
|---|
| ............................................................................ |
| ............................................................................ |
| ............................................................................ |
| ............................................................................ |

## 练习题

1. 新车检验主要包括哪些内容？
2. 怠速检查时有哪些注意事项？

# 项目三

## 汽车首次维护保养

班级：_____ 姓名：_____ 学号：_____ 工号：_____ 日期：_____ 测评等级：_____

| 工作任务 | 首次维护保养 | 教学模式 | 任务驱动 |
|---|---|---|---|
| 建议学时 | 16 | 教学地点 | 一体化实训室 |

| | |
|---|---|
| 任务描述 | 客户将跑完磨合期的车开到4S店进行首次维护与保养 |
| 学习目标 | 1. 能够掌握车辆各系统的组成及功用。<br>2. 能够完成车辆维护接车单和派车单的填写。<br>3. 能够掌握首次维护的操作方法。<br>4. 能够掌握维护完工的检查要点 |
| 学习准备 | 1. 设备器材：每组配套车辆4辆、世达工具4套、机油滤清器拆装工具4套、胎压表4个、扭力扳手4把、机油接收器4个、维修手册4份。<br>2. 分成7个小组。 |

### 小组人员岗位分配表（由组长分配）

| 工作岗位 | 时段一<br>___年___月___日<br>___时___分至___时___分 | 时段二<br>___年___月___日<br>___时___分至___时___分 |
|---|---|---|
| 主修人员（1人） | | |
| 辅修人员（1人） | | |
| 工具管理（1人） | | |
| 零件摆放（1人） | | |
| 安全监督（1人） | | |
| 质量检验（1人） | | |
| 7S监督（2~4人） | | |

续表

| 工作任务 | 首次维护保养 | | 教学模式 | 任务驱动 |
|---|---|---|---|---|
| 建议学时 | 16 | | 教学地点 | 一体化实训室 |
| 车辆基本信息 | 车辆型号 | | 生产厂家 | |
| | 车架号 | | 发动机型号 | |
| | 车身底盘号 | | 燃料 | |
| | 出厂时间 | | 购车日期 | |

## 学习任务1　首次维护接车单、派工单的识读与填写（以卡罗拉汽车为例）

### 一、计划与准备

王先生新购买的丰田卡罗拉汽车行驶了3 000km，他驾车到4S店进行首次维护，4S店接待员小李接待了他并对车辆进行检查。

1）检查准备，见表3.1。

表3.1　车辆检查准备

| 名称 | 检查演示 | 讲解 | 说明 |
|---|---|---|---|
| 防护脚垫 | | 安放防护脚垫 | |
| 防护椅套、方向盘套、变速杆套、驻车制动杆防护套 | | 安装防护椅套、方向盘套、变速杆套、驻车制动杆防护套 | |

2）参照新车检查项目检查车辆，填写接车单和派工单。

## 二、任务实施

1. 根据询问和检查结果填写接车问诊单（见表3.2）

表3.2　丰田汽车维修保养接车问诊单

| | | | | | | | |
|---|---|---|---|---|---|---|---|
| 进站时间 | 月　日<br>时　分 | 送修人姓名 | | 联系电话 | | 行驶里程 | |
| 车牌号码 | | 车辆型号 | | 底盘号码 | | 购车日期 | |
| 用户描述<br>故障现象 | 1.<br>2.<br>3.<br>4.<br>5. | | | | | | |
| 服务顾问<br>诊断得出<br>初步意见 | 1.<br>2.<br>3.<br>4.<br>5. | | | | | | |
| 服务顾问<br>建议 | 1.<br>2.<br>3.<br>4.<br>5. | | | | | | |

功能确认：（正常√　不正常×）　　　　　　　外观确认：H 划痕　P 破裂
□音响系统　　　　　□点烟器　　　　　　　　　　　　　D 丢失　F 腐蚀
□中央门锁（防盗器）　□后视镜
□天窗　　　　　　　□四门玻璃升降

物品确认：（有√　无×）

□贵重物品已提醒用户带离车辆
□随车工具　　□千斤顶
□备胎　　　　□灭火器
□其他（　　　　　　　　　）

（如有损伤，在相应部位作标记）

续表

| 车牌号码 | | 车辆型号 | | 底盘号码 | | 购车日期 | |
|---|---|---|---|---|---|---|---|
| 服务顾问提醒 | ★ 本次检查出的故障如在本站维修，检查工费不另收取；如不在本站维修，则检查工费应由用户支付。本次检查费为_____元。（保修项目除外）<br>★ 自费维修旧件处理：□用户要求带走　□用户选择不带<br>★ 本站已提醒用户将车内贵重物品带离车辆并妥善保管，如有丢失恕与本站无关。 ||||||||
| 服务顾问 | | | | 用户确认 | | | |

2. 根据询问和检查结果填写派工单（见表3.3）

表3.3　丰田汽车维修保养派工单

维修派工单

编号：

服务中心：　　　　　　　　日期：　　　　　　　服务顾问：

| 客户信息 | □客户　□送修人 | | 地址 | | 联系电话 | |
|---|---|---|---|---|---|---|
| 车辆信息 | 车牌号 | 车型 | VIN | | 发动机号 | 里程数 |
| 作业信息 | 车辆进站时间 || 付款方式<br>□现金　□信用卡　□其他 || 旧件是否带走<br>□是　□否 ||
| 互动检查 | 是否有贵重物品<br>□是　□否 || 油箱<br>油量 | □空　□<1/4<br>□半箱　□<3/4　□满箱 |||
| 车身状况漆面检查，损伤部位在下图中标注 |||| 客户故障描述 |||
| 检查结果 ||||||||
| 车身检查 |||||||
| 车内检查 |||||||
| 发动机舱 |||||||
| 底盘检查 |||||||

续表

| 维修项目 | | 备件 | 索赔 | 材料费 | 工时费 | 小计 | 维修人 | 检查人 |
|---|---|---|---|---|---|---|---|---|
| 维修项目 | | | □是<br>□否 | | | | | |
| | | | □是<br>□否 | | | | | |
| | | | □是<br>□否 | | | | | |
| | | | □是<br>□否 | | | | | |
| | | | □是<br>□否 | | | | | |
| | | | □是<br>□否 | | | | | |
| | | | □是<br>□否 | | | | | |
| | 预计交车时间： | | | 费用小计 | | | | |
| | 预估费用： | | | 客户签字： | | | | |
| 新增维修项目 | 维修项目 | 备件 | 索赔 | 材料费 | 工时费 | 小计 | 维修人 | 检查人 |
| | | | □是<br>□否 | | | | | |
| | | | □是<br>□否 | | | | | |
| | | | □是<br>□否 | | | | | |
| | | | □是<br>□否 | | | | | |
| | 新增维修时间： | | | 费用小计 | | | | |
| | 新增维修费用： | | | 客户签字： | | | | |
| 预估交车时间 | | | 预估费用 | 工时费 | | 总计 | | |
| | | | | 材料费 | | | | |
| 客户评价 | □满意 □不满意 | | 不满意原因：□服务态度 □维修质量 □备件保供<br>□服务环境 □维修时间 □维修费用 | | | | | |
| 质检员签字 | | | 实际交车时间： | | | | | |

## 三、任务评价

填写表 3.4 所示的任务评价表。

表 3.4 任务评价表

| 任务 | 评价内容 | 评价等级 | | |
|---|---|---|---|---|
| | 综合能力测评：<br>1. 请在对应条目的○内打"√"或"×"，不能确定的条目不填，可以在小组评价时让本组同学讨论并写出结论。<br>2. 评价结果全对得😎，错一项得🙂，错两项或以上得☹ | 😎 | 🙂 | ☹ |
| 综合能力测评任务 | ○按时到场  ○工装齐备  ○书、本、笔齐全 | | | |
| | ○安全操作  ○责任心强  ○7S 管理规范 | | | |
| | ○学习积极主动  ○合理使用教学资源  ○主动帮助他人 | | | |
| | ○接受工作分配  ○有效沟通  ○高效完成工作任务 | | | |
| 专业能力测评任务 | 新车铭牌附件检查 | | | |
| | 完工检验 | | | |
| 小组评语及建议 | 他（她）做到了：<br><br>他（她）的不足：<br><br>给他（她）的建议： | 组长签名：<br><br><br>年  月  日 | | |
| 教师评语及建议 | | 评价等级：<br><br>教师签名：<br><br>年  月  日 | | |

## 🌼 学习任务 2  车舱内的检查与维护

### 一、计划与准备

1. 做好车辆检查的防护措施（见表 3.5）

表3.5 车辆检查防护措施

| 名称 | 检查演示 | 讲解 | 说明 |
|---|---|---|---|
| 防护脚垫 | | 安放防护脚垫 | |
| 防护椅套、方向盘套、变速杆套、驻车制动杆防护套 | | 安装防护椅套、方向盘套、变速杆套、驻车制动杆防护套 | |

2. 现场设备、工具等准备（见表3.6）

表3.6 现场设备、工具等准备

| 名称 | 准备演示 | 讲解 | 说明 |
|---|---|---|---|
| 游标卡尺 | | 测量制动片的厚度 | |
| 世达工具 | | 对螺栓、线路进行检测，发现有松动及时安装好 | |

续表

| 名称 | 准备演示 | 讲解 | 说明 |
|---|---|---|---|
| 扭力扳手 | 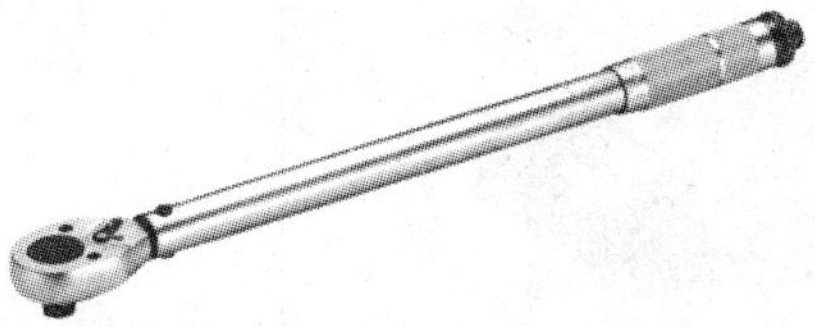 | 扭紧螺塞 | |
| 维修手册（卡罗拉维修手册） |  | 当出现问题时应及时查阅维修手册 | |

## 二、任务实施

车舱内的检查与维护（见表3.7）

表3.7 车舱内的检查与维护

| 名称 | 检查演示 | 讲解 | 说明 |
|---|---|---|---|
| 驾驶员座椅 | 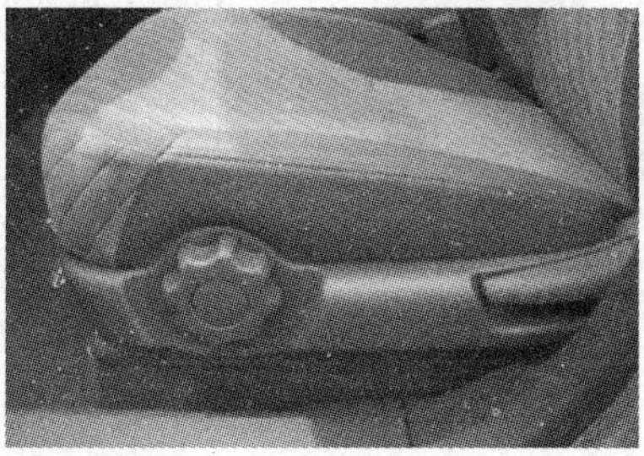 | 检查座椅调节功能是否正常 | |

续表

| 名称 | 检查演示 | 讲解 | 说明 |
|---|---|---|---|
| 组合仪表灯、车灯、喇叭和警告灯 | | 检查组合仪表灯、车灯、喇叭和警告灯工作是否正常 | |
| 喷水器和雨刮器 | | 检查喷水器和雨刮器工作是否正常 | |
| 制动器踏板高度检查 | | 选用钢直尺，沿制动踏板一侧向下移至与地板完全抵靠，读出并记录踏板高度值。标准高度：145.8~155.8mm | |
| 制动器踏板自由行程检查 | | （1）制动助力器内无真空；<br>（2）用钢直尺测量大拇指按下制动踏板直至感到有轻微阻力时的高度值；<br>（3）松开大拇指，记录回弹的高度值，两次测量的高度差即为制动踏板的自由行程，标准值应为1.0~6.0mm，如果不符合标准，则调整制动灯开关推杆凸出部分与缓冲垫之间的间隙 | |

续表

| 名称 | 检查演示 | 讲解 | 说明 |
|---|---|---|---|
| 驻车制动器 | | 检查驻车制动杆的行程及指示灯的工作情况 | |
| 离合器踏板高度检查 | | （1）翻起地毯；<br>（2）选用钢直尺，使钢直尺垂直于地板，测量此时离合器踏板的高度（踏板高度一般为 143.6～153.6mm），如不符合规定，则需进行调整；<br>（3）松开锁紧螺母并转动限位螺栓直至获得正确高度；<br>（4）拧紧锁紧螺母。扭矩：16 N·m。 | |
| 离合器踏板自由行程检查 | | （1）用手指轻轻按压离合器踏板，当感到按压阻力明显增大时停止按压，记录此时离合器踏板的高度；<br>（2）前后两次测量的高度差即为离合器踏板的自由行程，记录此数值并与维修手册规定的标准数值对比，如果不在规定范围内，则需要调整离合器踏板自由行程。踏板自由行程：5.0～15.0mm | |

续表

| 名称 | 检查演示 | 讲解 | 说明 |
|---|---|---|---|
| 油门踏板 | | （1）检查类似振动或踏板松软的异常现象。<br>（2）检查油门踏板是否有足够的行程余量 | |
| 方向盘 | | 1. 用两手握住方向盘，水平、垂直或向两侧移动方向盘，确保其没有松动或者摆动。<br>2. 起动发动机，使车辆直线行驶，检查方向盘是否处在适当位置。<br>3. 进行转向操作，检查方向盘是否工作正常；转向时，方向盘是否沉重费力 | |
| 中控门锁和玻璃升降器 | | 检查中控门锁、门开指示灯和玻璃升降器是否正常 | |

### 三、任务评价

填写表3.8所示的任务评价表。

表 3.8 任务评价表

| 任务 | 评价内容 | 评价等级 | | |
|---|---|---|---|---|
| | 综合能力测评：<br>1. 请在对应条目的○内打"√"或"×"，不能确定的条目不填，可以在小组评价时让本组同学讨论并写出结论。<br>2. 评价结果全对得😎，错一项得☺，错两项或以上得☹ | 😎 | ☺ | ☹ |
| 综合能力测评任务 | ○按时到场　○工装齐备　○书、本、笔齐全<br>○安全操作　○责任心强　○7S管理规范<br>○学习积极主动　○合理使用教学资源　○主动帮助他人<br>○接受工作分配　○有效沟通　○高效完成工作任务 | | | |
| 专业能力测评任务 | 检查流程 | | | |
| | 完工检验 | | | |
| 小组评语及建议 | 他（她）做到了：<br><br>他（她）的不足：<br><br>给他（她）的建议： | 组长签名：<br><br><br><br>　　　年　月　日 | | |
| 教师评语及建议 | | 评价等级：<br>教师签名：<br><br>　　　年　月　日 | | |

## 学习任务3　发动机舱的检查与维护

### 一、计划与准备

1. 做好车辆防护措施（见表3.9）

表 3.9 车辆防护措施

| 名称 | 检查演示 | 讲解 | 说明 |
|---|---|---|---|
| 防护脚垫 | | 安放防护脚垫 | |

续表

| 名称 | 检查演示 | 讲解 | 说明 |
|---|---|---|---|
| 防护椅套、方向盘套、变速杆套、驻车制动杆防护套 | | 安装防护椅套、方向盘套、变速杆套、驻车制动杆防护套 | |
| 磁力护裙 | | 安装磁力护裙 | |

2. 准备工具（见表3.10）

表3.10　准备工具

| 名称 | 准备演示 | 讲解 | 说明 |
|---|---|---|---|
| 万用表 | | 测量线路、电气元件等 | |
| 高压气枪 | | 清洁空气滤清器等 | |

## 二、任务实施

发动机舱检查与维护,见表 3.11。

表 3.11 发动机舱检查与维护

| 名称 | 检查演示 | 讲解 | 说明 |
| --- | --- | --- | --- |
| 发动机舱整体检查 | | 打开发动机舱,用撑杆固定好,并检查铰链 | |
| 空气滤清器 | | (1)使用压缩空气,完全吹除滤芯内部的灰尘。<br>(2)将滤芯浸入水中并上下移动 10 min 或更长时间。<br>(3)重复该过程,直到水干净为止。<br>(4)将滤芯上多余的水用压缩空气吹掉。<br>(5)擦掉空气滤清器壳内部的灰尘。<br>(6)检查电瓶是否牢固地安装在空气滤清器中及垫片是否有裂纹或损坏 | 注意:切勿敲打或跌落滤芯 |
| 机油尺和机油盖 | | 打开机油盖,检查并清洁机油盖和机油加注口 | |

续表

| 名称 | 检查演示 | 讲解 | 说明 |
|---|---|---|---|
| 机油尺和机油盖 | | 拉出机油尺，观察机油使用情况（注意油面是否下降过多，并防止有漏机油或烧机油的现象发生） | |
| 检查冷却液 | | 检查冷却液液面高度 | |
| 检查制动液 | | 通过制动液储液罐的液面高度可以判断制动液的多少，如果制动液少了，会影响制动效果，严重的话甚至会导致制动失灵 | |
| 检查助力转向液 | | 检查助力转向液液面高度 | |

续表

| 名称 | 检查演示 | 讲解 | 说明 |
|---|---|---|---|
| 检查玻璃水 | | 补足玻璃水 | |
| 检查蓄电池及线路和油管 | | 检查蓄电池是否紧固，蓄电池电量是否正常，管路、线路是否有泄漏 | |
| 继电器盒 | | 检查继电器盒内各元器件工作是否正常 | |

## 三、任务评价

填写表 3.12 所示的任务评价表。

表 3.12 任务评价表

| 任务 | 评价内容 | | 评价等级 | | |
|---|---|---|---|---|---|
| 任务 | 综合能力测评：<br>1. 请在对应条目的○内打"√"或"×"，不能确定的条目不填，可以在小组评价时让本组同学讨论并写出结论。<br>2. 评价结果全对得 😎，错一项得 🙂，错两项或以上得 ☹ | | 😎 | 🙂 | ☹ |
| 综合能力测评任务 | ○按时到场　○工装齐备　○书、本、笔齐全<br><br>○安全操作　○责任心强　○7S 管理规范<br><br>○学习积极主动　○合理使用教学资源　○主动帮助他人<br><br>○接受工作分配　○有效沟通　○高效完成工作任务 | | | | |
| 专业能力测评任务 | 检查流程 | | | | |
| 专业能力测评任务 | 完工检验 | | | | |
| 小组评语及建议 | 他（她）做到了：<br><br>他（她）的不足：<br><br>给他（她）的建议： | | 组长签名：<br><br><br>年　月　日 | | |
| 教师评语及建议 | | | 评价等级：<br><br>教师签名：<br><br>年　月　日 | | |

## 学习任务 4　首次维护举升检查与维护

### 一、计划与准备

1. 现场设备、工具等准备（见表 3.13）

表 3.13　现场设备、工具等准备

| 名称 | 准备演示 | 讲解 | 说明 |
|---|---|---|---|
| 车辆场地准备 | | 维护车辆可以选择快修工位 | |
| 举升机 | | 检查车辆底部必须有举升机，且更换机油时需把车辆升起 | |
| 世达工具 | | 用于拆装、紧固螺栓 | |

续表

| 名称 | 准备演示 | 讲解 | 说明 |
|---|---|---|---|
| 胎压表 | | 车辆运行一段时间后,胎压会发生变化,所以进行胎压测量是非常有必要的 | |
| 扭力扳手 | | 严格按规定扭矩紧固螺栓 | |
| 机油滤清器拆装工具 | | 使用专用拆装工具可以提高工作效率、减少机油滤清器变形 | |
| 维修手册 | | 当出现问题时应及时查阅维修手册 | |

## 二、任务实施

举升检查与维护，见表 3.14。

表 3.14　举升检查与维护

| 名称 | 检查演示 | 讲解 | 说明 |
|---|---|---|---|
| 举升车辆 | | 把车辆举升到合适高度，并锁定举升机 | |
| 检查机油底壳与放油螺栓 | | 检查油底壳与放油螺栓处是否有机油渗漏 | |
| 检查转向系统 | | 检查转向连接机构有无松动、变形 | |
| | | 检查动力转向液有无渗漏 | |

续表

| 名称 | 检查演示 | 讲解 | 说明 |
|---|---|---|---|
| 检查轮胎 | 裂纹或者损坏　　嵌入金属微粒或者外物　　胎面深度（1.6 mm / 0.063 in） | 检查轮胎磨损及气压情况，检查轮胎是否有异物夹杂、是否有鼓胎现象，检查胎面深度 | |
| | | 检查轮胎轴承是否晃动、紧固件是否牢靠 | |

续表

| 名称 | 检查演示 | 讲解 | 说明 |
|---|---|---|---|
| 检查制动片、制动盘 | | 检查、清理与测量制动盘和制动片 | |
| 检查制动液管道 | | 检查制动液有无渗漏 | |
| 检查燃油管道 | | 检查燃油有无渗漏 | |
| 检查排气管 | | 检查排气管是否有损坏和泄漏 | |

续表

| 名称 | 检查演示 | 讲解 | 说明 |
|---|---|---|---|
| 检查连杆、球头、球笼 | | 检查连杆、球头、球笼是否有刮伤 | |
| 检查底盘螺栓和螺母是否松动 | | 检查所示螺栓和螺母是否松动：<br>1. 中间梁 X 车身；<br>2. 下臂 X 横梁；<br>3. 球节 X 下臂；<br>4. 横梁 X 车身；<br>5. 下臂 X 车身；<br>6. 中间梁 X 横梁<br>7. 制动器扭矩板 X 转向节；<br>8. 球节 X 转向节；<br>9. 减震器 X 转向节；<br>10. 稳定连接杆 X 减震器；<br>11. 稳定杆 X 稳定连接杆；<br>12. 转向机外壳 X 横梁；<br>13. 稳定杆 X 车身；<br>14. 横拉杆端头锁止螺母；<br>15. 横拉杆端头 X 转向节；<br>16. 托臂和桥梁 X 车身；<br>17. 托臂和桥梁 X 后轮毂；<br>18. 制动分泵 X 背板；<br>19. 稳定杆 X 托臂和桥梁；<br>20. 减震器 X 托臂和桥梁；<br>21. 减震器 X 车身 | |

续表

| 名称 | 检查演示 | 讲解 | 说明 |
|---|---|---|---|
| 检查底盘螺栓和螺母是否松动 | 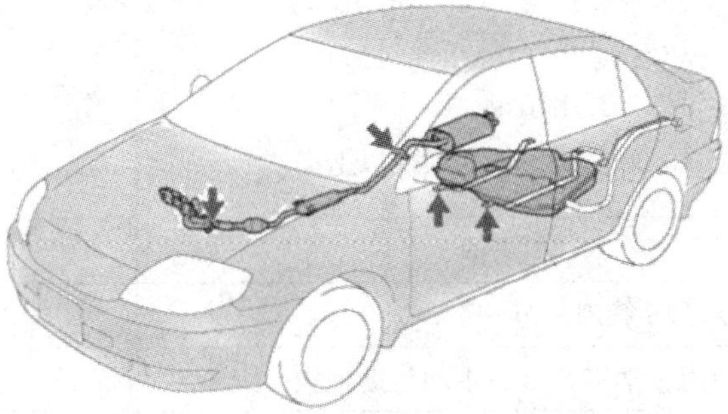 | 检查排气管道与燃油箱固定螺栓和螺母是否松动 | |
| 检查悬架 | 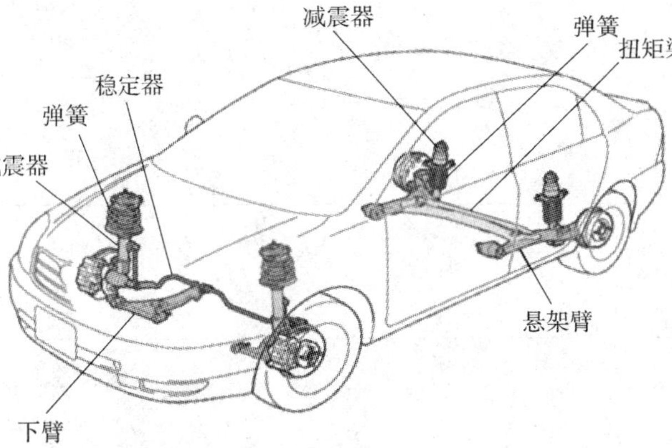 | 检查左图所示悬架组件是否损坏 | |
| 检查并清理车辆,恢复工位 | 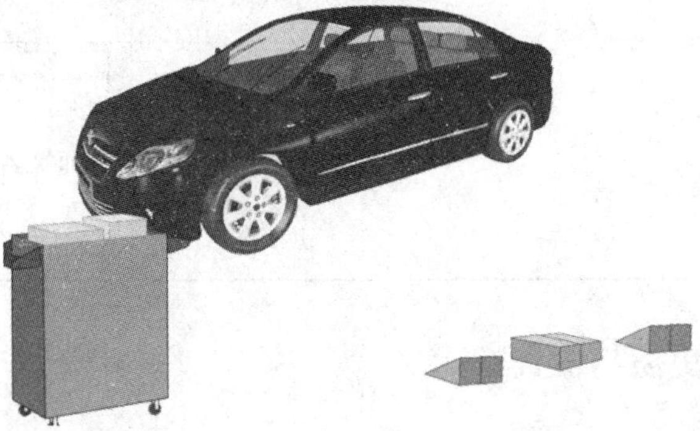 | 检查并清理车辆,恢复工位 | |

## 三、任务评价

填写表 3.15 所示的任务评价表。

表 3.15 任务评价表

| 任务 | 评价内容 | 评价等级 | | |
|---|---|---|---|---|
| | 综合能力测评：<br>1. 请在对应条目的○内打"√"或"×"，不能确定的条目不填，可以在小组评价时让本组同学讨论并写出结论。<br>2. 评价结果全对得 ☻，错一项得 ☺，错两项或以上得 ☹ | ☻ | ☺ | ☹ |
| 综合能力测评任务 | ○按时到场  ○工装齐备  ○书、本、笔齐全<br>○安全操作  ○责任心强  ○7S 管理规范<br>○学习积极主动  ○合理使用教学资源  ○主动帮助他人<br>○接受工作分配  ○有效沟通  ○高效完成工作任务 | | | |
| 专业能力测评任务 | 检查流程 | | | |
| | 完工检验 | | | |
| 小组评语及建议 | 他（她）做到了：<br>他（她）的不足：<br>给他（她）的建议： | 组长签名：<br><br>年  月  日 | | |
| 教师评语及建议 | | 评价等级：<br>教师签名：<br>年  月  日 | | |

## ❈ 学习任务 5  机油的更换与检查

### 一、计划与准备

1. 机油的作用

机油是汽车发动机的润滑油，对发动机起到润滑、减摩、减振、减少腐蚀、清洁保养及冷却密封等作用。没有机油，发动机就无法使用，就如同心脏没有了血液一样。发动机内有很多汽车配件在运行时会产生摩擦，秩序的、长时间的、快速的摩擦可使发动机内部产生高达 400 ℃ ~ 600 ℃ 的高温。在这种情况下，发动机的机油质量就是决定发动机使用寿命的关键因素，故选择合格的机油非常重要。

合格的汽车机油要满足以下六大作用。

（1）润滑减摩

汽车发动机配件有活塞、气缸、轴瓦、主轴，在运动时，活塞和气缸之间、主轴和轴瓦之间都会发生频繁快速的摩擦，这时需要在它们之间建立一层足够厚度的油膜，来使摩擦面分开，最终达到减少摩擦的目的。

（2）减少腐蚀

汽车发动机零配件表面的机油阻隔了水、空气及其他有害物质与气体的接触。

（3）清洁

合格的机油可以将发动机汽车零配件表面产生的氧化物、油泥及其他金属颗粒通过循环机油的流动清除掉。

（4）密封

机油能够在发动机汽车零配件活塞环和活塞之间形成密封圈，减少其他漏出及外界气体进入。

（5）冷却降温

机油能够将因摩擦及燃烧而在配件接触面产生的高温带出缸体，然后再散发在空气中，以使水箱冷却发动机。

（6）减振缓冲

发动机起动过程中，火花塞点火后，发动机气缸产生高压，使活塞、连杆、曲轴轴承承压很大，这些承压汽车配件表面的机油传递起到了缓冲负荷的作用。

2. 机油的分类

汽车用机油通常有矿物质油、合成油和植物性机油三类。

机油的黏度等级一般采用国际 SAE 等级划分，SAE 是美国汽车工程师学会（Society of Automotive Engineers）的英文缩写，SAE 等级代表油品的黏度等级。除此之外，机油黏度又有单级油和多级油之分，如 SAE30、SAE40 为单级油，SAE10W-30、SAE15W-40 为多级油。其中，W 代表冬季，前面的数字越小，说明低温黏度越小，发动机冷起动时的保护能力越好；W 后面的数字则是机油耐高温性的指标。按 SAE 法分类，冬季用油有 6 种，夏季用油有 4 种，冬夏通用油有 16 种。

冬季用油牌号分别为 0W、5W、10W、15W、20W、25W，符号 W 代表冬季，W 前的数字越小，其低温黏度越小，低温流动性越好，适用的最低气温越低；夏季用油牌号分别为 20、30、40、50，数字越大，其黏度越大，适用的最高气温越高；冬夏通用油牌号分别为 5W/20、5W/30、5W/40、5W/50、10W/20、10W/30、10W/40、10W/50、15W/20、15W/30、15W/40、15W/50、20W/20、20W/30、20W/40、20W/50，代表冬用部分的数字越小、夏季部分的数字越大者黏度越高，适用的温度范围越大。

机油的质量等级按 API 等级划分，API 是美国石油学会（American Petroleum Institute）的英文缩写，它采用简单的代码来描述发动机机油的工作能力。API 发动机机油分为两类："S" 系列代表汽油发动机用油；"C" 系列代表柴油发动机用油；当 "S" 和 "C" 两字母同时存在时，则表示此机油为汽柴油发动机通用型。如 "S" 在前，则主要用于汽油发动机；反之，则主要用于柴油发动机。

### 3. 机油的检查

发动机工作时，其内部的工作条件是非常严峻和苛刻的，在高温、高热、高速及无规则的变化下，各机件摩擦产生的金属碎屑、从空气中侵入的灰尘、燃烧生成的酸性物质、一些未能完全燃烧的燃油混入机油，会使机油黏度降低；燃烧室部分废气窜入曲轴箱并带入酸酐等成分会使机油变质，使其不能实现应有的功能。这样都会影响发动机的工作效率与寿命，所以要定期更换机油，且在日常检查中也要随时留意，以便保证发动机正常运转。

（1）油量检查

首先把车辆停在水平地面上，然后关闭发动机，耐心等待一会儿。取出机油尺并擦净油迹，插入机油尺导孔，再拔出察看。油位在上下刻线之间，即为合适；如果超出上面的刻线，应放出多余的机油；如果低于下刻线，应从加油口处添加。油面高度太高时，应及时查明原因并予以排除，其原因可能是冷却系统或汽油进入曲轴箱内。

（2）油质检查

1）外观法。

察看取出的油液样品，若比较清澈，仍保持着新油液的颜色，表明污染不严重；若油色浑浊或乳化，则油液中含有水；若呈灰色，则可能是被铅或其他磨料所污染；若呈黑色，则是被高温废气所污染；油样放置一段时间上层油色变淡甚至呈蓝褐色，则表明油内添加剂已完全消失。

2）气味法。

取出油液样品，闻其气味，若出现刺激性异常气味（油液在正常情况下带有典型的新油气味），说明油液氧化严重。

3）扩散法。

将取出的油液样品滴一滴于定性测试滤纸上，若扩散很宽且油滴区与扩散区无明显的区别，表明油液的清净性良好；反之则为油液清净性较差。

4）爆裂试验法。

将一薄金属片加热至100℃以上，滴一滴样品油液于金属片上，若出现爆裂现象，则表明油液中含有水分。

### 4. 准备设备和工具

更换机油所需的设备和工具见表3.16。

表3.16 更换机油所需的设备和工具

| 名称 | 准备演示 | 讲解 | 说明 |
| --- | --- | --- | --- |
| 车辆场地准备 |  | | 维护车辆可以选择快修工位 |

续表

| 名称 | 准备演示 | 讲解 | 说明 |
|------|----------|------|------|
| 举升机 |  | 车辆必须有举升机，因为更换机油时需把车辆升起 |  |
| 世达工具 |  | 用于拆装、紧固螺栓 |  |
| 机油 |  | 发动机部件的摩擦表面总有一定的表面粗糙度，在发动机工作时会产生金属微粒的剥落，使机油脏污，故新车磨合后必须更换新机油 |  |

续表

| 名称 | 准备演示 | 讲解 | 说明 |
|---|---|---|---|
| 机油滤清器 | | 旧机油滤清器里有大量油污，换新机油时必须更换机油滤清器 | |
| 扭力扳手 | | 严格按规定扭矩紧固螺栓 | |
| 机油滤清器拆装工具 | | 使用专用拆装工具可以提高工作效率、减少机油滤清器变形 | |
| 机油接收器 | | 接收废机油，以避免污染环境 | |

续表

| 名称 | 准备演示 | 讲解 | 说明 |
|---|---|---|---|
| 维修手册 |  | 当出现问题时应及时查阅维修手册 | |
| 防护磁裙 |  | 维修工操作时起防护作用 | |

## 二、任务实施

机油更换与检查见表 3.17。

表 3.17 机油更换与检查

| 项目 | 检查演示 | 讲解 | 说明 |
|---|---|---|---|
| 打开机油加注口盖并举升车辆 |  | 打开机油加注口盖有利于排放旧机油；利用举升机举升车辆 | |

续表

| 项目 | 检查演示 | 讲解 | 说明 |
|---|---|---|---|
| 拆下机油底壳放油螺栓 | | 检查油底壳是否有机油渗漏。拆下放油螺栓排放旧机油,用机油接收器接收旧机油 | |
| 更换机油滤清器、放油螺栓 | 发动机机油及机油滤清器　扭矩:18 N·m　专用维修工具　拆下的机油滤清器 | 更换一个新的机油滤清器 | |
| | 扭矩:37 N·m | 安装一个新的垫片和放油螺栓 | |

续表

| 项目 | 检查演示 | 讲解 | 说明 |
|---|---|---|---|
| 放下车辆,加注新机油 | | 放下车辆,添加适量新机油,旋紧机油加注口盖 | |
| 检查机油量 | | 起动车辆,运转5min,重新检查油量是否合适 | |
| 举升起车辆,检查机油底壳与放油螺栓 | | 检查机油底壳与放油螺栓处是否有机油渗漏 | |
| 检查清理车辆,恢复工位 | | 检查清理车辆,恢复工位 | |

## 三、任务评价

填写表 3.18 所示的任务评价表。

表 3.18　任务评价表

| 任务 | 评价内容 | | 评价等级 | | |
|---|---|---|---|---|---|
| 任务 | 综合能力测评：<br>1. 请在对应条目的○内打"√"或"×"，不能确定的条目不填，可以在小组评价时让本组同学讨论并写出结论。<br>2. 评价结果全对得😎，错一项得☺，错两项或以上得☹ | | 😎 | ☺ | ☹ |
| 综合能力测评任务 | ○按时到场　○工装齐备　○书、本、笔齐全 | | | | |
| | ○安全操作　○责任心强　○7S 管理规范 | | | | |
| | ○学习积极主动　○合理使用教学资源　○主动帮助他人 | | | | |
| | ○接受工作分配　○有效沟通　○高效完成工作任务 | | | | |
| 专业能力测评任务 | 保养流程 | | | | |
| | 完工检验 | | | | |
| 小组评语及建议 | 他（她）做到了：<br><br>他（她）的不足：<br><br>给他（她）的建议： | | 组长签名：<br><br><br>年　月　日 | | |
| 教师评语及建议 | | | 评价等级：<br><br>教师签名：<br><br>年　月　日 | | |

## 学习任务 6　灯光的维护与检查

### 一、计划与准备

1. 汽车灯光的使用条件和作用

近光灯：在夜间路灯照明较好的情况下使用；在夜间车速在≤30km/h 时使用。

远光灯：在夜间没有路灯照明或者照明为良的情况下使用；在夜间车速≥30km/h 时使用。

左转弯指示灯：指示预告本车即将向左转弯，距路口前 100~30m 以外预先开启。

右转弯指示灯：指示预告本车即将向右转弯，距路口 100~30m 以外预先开启。

倒车灯：在车辆倒车挂入倒车挡时自动开启。

雾灯：在迷雾天、雨雪天（夜间）时开启。

示宽灯、尾灯、牌照灯：在开启前照灯的同时亮灯。

刹车灯：当驾驶员踩刹车时车尾刹车灯（红色）自动开启，警示后车注意减速避让。

变换远近光灯：对于禁止鸣喇叭的区域，在夜间通过交叉路口或会车、超车时变换远近光灯，警示预告"本车将要在此通过，请注意安全"。

危险警示灯（黄色双跳灯）：向其他机动车、非机动车、行人警示预告本车具有危险紧急情况，请注意避让。

## 二、任务实施

灯光检测任务实施见表 3.19。

表 3.19 灯光检测

| 名称 | 准备演示 | 讲解 | 说明 |
| --- | --- | --- | --- |
| 前示宽灯 | | 立正，双臂向两边平张，手掌向内侧 | |
| 近光灯 | | 立正，双臂向前伸直，手掌向下 | |

续表

| 名称 | 准备演示 | 讲解 | 说明 |
|---|---|---|---|
| 远光灯 | | 立正，双臂平行抬起，手掌向上，手臂向后摆动 | |
| 前雾灯 | | 立正，双臂平行向前伸直，双手握起，拇指向下 | |
| 前右转向灯 | | 立正，左手向左伸直，手掌向下，握拳—弹开—握拳 | |
| 前左转向灯 | | 立正，右手向右伸直，手掌向下，握拳—弹开—握拳 | |

续表

| 名称 | 准备演示 | 讲解 | 说明 |
|---|---|---|---|
| 安全警告灯 | | 立正，双臂向两边平张，握拳—弹开—握拳 | |
| 后示宽灯 | | 立正，双臂向两边平张，手掌向内侧 | |
| 后雾灯 | | 立正，双臂平行向前伸直，双手握起，拇指向下 | |
| 左后转向灯 | | 立正，左手向左伸直，手掌向下，握拳—弹开—握拳 | |

续表

| 名称 | 准备演示 | 讲解 | 说明 |
|---|---|---|---|
| 右后转向灯 | | 立正,右手向右伸直,手掌向下,握拳—弹开—握拳 | |
| 后安全警告灯 | | 立正,双臂向两边平张,握拳—弹开—握拳 | |
| 后刹车灯 | | 立正,双手平行向前,手掌向下 | |
| 后倒车灯 | | 立正,双臂平行向前升起,手掌向后 | |

续表

| 名称 | 准备演示 | 讲解 | 说明 |
|---|---|---|---|
| 倒车报警装置和牌照灯检查 | | | 正常举起，右手做"OK"动作 |

## 三、任务评价

填写表 3.20 所示的任务评价表。

表 3.20　任务评价表

| | 评价内容 | 评价等级 | | |
|---|---|---|---|---|
| 任务 | 综合能力测评：<br>1. 请在对应条目的○内打"√"或"×"，不能确定的条目不填，可以在小组评价时让本组同学讨论并写出结论。<br>2. 评价结果全对得😎，错一项得🙂，错两项或以上得☹ | | | |
| 综合能力测评任务 | ○按时到场　○工装齐备　○书、本、笔齐全 | | | |
| | ○安全操作　○责任心强　○7S 管理规范 | | | |
| | ○学习积极主动　○合理使用教学资源　○主动帮助他人 | | | |
| | ○接受工作分配　○有效沟通　○高效完成工作任务 | | | |
| 专业能力测评任务 | 灯光检测流程 | | | |
| | 完工检验 | | | |

续表

| 任务 | 评价内容 | 评价等级 | | |
|---|---|---|---|---|
| | 综合能力测评：<br>1. 请在对应条目的○内打"√"或"×"，不能确定的条目不填，可以在小组评价时让本组同学讨论并写出结论。<br>2. 评价结果全对得😎，错一项得🙂，错两项或以上得🙁 | 😎 | 🙂 | 🙁 |
| 小组评语及建议 | 他（她）做到了：<br><br>他（她）的不足：<br><br>给他（她）的建议： | 组长签名：<br><br><br><br>年　　月　　日 | | |
| 教师评语及建议 | | 评价等级：<br><br>教师签名：<br><br>年　　月　　日 | | |

## 学习任务 7　首次维护完工检验

### 一、完工记录（见表 3.21）

表 3.21　首次维护完工检验表

| 维护项目 | 检验结果 | | | 备注 |
|---|---|---|---|---|
| | 😎 | 🙂 | 🙁 | |
| 发动机舱盖检查 | | | | |
| 空气滤清器检查 | | | | |
| 机油尺和机油盖检查 | | | | |
| 冷却液检查 | | | | |
| 制动液检查 | | | | |
| 助力转向液检查 | | | | |
| 玻璃水检查 | | | | |
| 蓄电池检查 | | | | |
| 继电器盒检查 | | | | |
| 驾驶员座椅检查 | | | | |
| 组合仪表灯检查 | | | | |
| 车灯检查 | | | | |

续表

| 维护项目 | 检验结果 | | | 备注 |
|---|---|---|---|---|
| | 😎 | 🙂 | ☹ | |
| 喇叭和警告灯检查 | | | | |
| 喷水器和雨刮器检查 | | | | |
| 制动踏板检查 | | | | |
| 驻车制动器检查 | | | | |
| 离合器检查 | | | | |
| 油门踏板检查 | | | | |
| 方向盘检查 | | | | |
| 中控门锁和玻璃升降器检查 | | | | |
| 更换机油 | | | | |
| 更换机油滤清器 | | | | |
| 变速箱油量检查 | | | | |
| 转向系统检测 | | | | |
| 轮胎和紧固件维护检查 | | | | |
| 制动片和制动盘检查 | | | | |
| 制动液管道检查 | | | | |
| 燃油管道检查 | | | | |
| 排气管检查 | | | | |
| 连杆、球头、球笼检查 | | | | |
| 底盘紧固螺栓检查 | | | | |
| 悬架检查 | | | | |
| 前示宽灯检查 | | | | |
| 近光灯检查 | | | | |
| 远光灯检查 | | | | |
| 前左转向灯检查 | | | | |
| 前右转向灯检查 | | | | |
| 前警告灯检查 | | | | |
| 前雾灯检查 | | | | |
| 后示宽灯检查 | | | | |
| 后左转向灯检查 | | | | |
| 后右转向灯检查 | | | | |

续表

| 维护项目 | 检验结果 | | | 备注 |
|---|---|---|---|---|
| | 😎 | 🙂 | ☹️ | |
| 后警告灯检查 | | | | |
| 后雾灯检查 | | | | |
| 倒车灯检查 | | | | |
| 制动灯检查 | | | | |
| 倒车报警装置和牌照灯检查 | | | | |
| 复检 | | | | |

二、根据所学知识，提出首次维护的合理化建议，并进行展示（见表3.22）

表3.22 首次维护的合理化建议

**练习题**

1. 新车首次维护主要包括哪些内容？
2. 更换机油和机油滤清器时有哪些注意事项？
3. 练习灯光检测手势。

# 项目四

## 汽车 40 000 km 维护作业

班级：_____ 姓名：_____ 学号：_____ 工号：_____ 日期：_____ 测评等级：_____

| 工作任务 | 汽车 40 000 km 维护作业 | 教学模式 | 任务驱动 |
|---|---|---|---|
| 建议学时 | 12 | 教学地点 | 一体化实训室 |

| | |
|---|---|
| 任务描述 | 现有一台丰田卡罗拉轿车已经行驶 40 150km，需要进行维护保养，都需要做哪些项目 |
| 学习目标 | 1. 能够掌握轮胎的换位。<br>2. 能够掌握火花塞的更换。<br>3. 能够掌握制动液的检查与更换。<br>4. 能够掌握转向传动液的检查与更换。<br>5. 能够掌握冷却液的检查与更换 |
| 学习准备 | 1. 设备器材：每组配套新车 4 辆、世达工具 4 套、胎压表 4 个、轮胎动平衡机、四轮定位仪、维修手册 4 份。<br>2. 分成 7 个小组。 |

### 小组人员岗位分配表（由组长分配）

| 工作岗位 | 时段一<br>___年___月___日<br>___时___分至___时___分 | 时段二<br>___年___月___日<br>___时___分至___时___分 |
|---|---|---|
| 主修人员（1人） | | |
| 辅修人员（1人） | | |
| 工具管理（1人） | | |
| 零件摆放（1人） | | |
| 安全监督（1人） | | |
| 质量检验（1人） | | |
| 7S 监督（2~4人） | | |

续表

| 工作任务 | 汽车 40 000 km 维护作业 | 教学模式 | 任务驱动 |
|---|---|---|---|
| 建议学时 | 12 | 教学地点 | 一体化实训室 |
| 车辆基本信息 | 车辆型号 | | 生产厂家 | |
| | 车架号 | | 发动机型号 | |
| | 车身底盘号 | | 燃料 | |
| | 出厂时间 | | 购车日期 | |

## 学习任务1 轮胎换位

一、计划与准备

（一）轮胎的作用与类型

1. 轮胎的作用

1）支撑汽车的质量，承受路面传来的各种载荷的作用。

2）和汽车悬架共同来缓和汽车行驶中所受到的冲击，并衰减由此而产生的振动，以保证汽车有良好的乘坐舒适性和行驶平顺性。

3）保证车轮和路面有良好的附着性，以提高汽车的动力性、制动性和通过性。

2. 轮胎的类型

1）按轮胎内空气压力的大小分为高压胎（0.5~0.7 MPa）、低压胎（0.2~0.5 MPa）和超低压胎（0.2 MPa 以下）三种。

2）按有无内胎分为有内胎轮胎和无内胎轮胎（俗称真空胎）。

3）按胎体帘布层结构的不同分为斜交轮胎和子午线轮胎。

4）根据花纹不同分为普通花纹轮胎、组合花纹轮胎和越野花纹轮胎。

5）根据帘线材料不同分为人造丝（R）轮胎、棉帘线（M）轮胎、尼龙（N）轮胎和钢丝（G）轮胎。

目前汽车上应用的轮胎主要是低压（超低压）和无内胎的子午线轮胎。

3. 轮胎规格的表示方法

轮胎的尺寸标注如图 4.1 所示。

（1）斜交轮胎的规格

普通斜交轮胎的规格用 $B-d$ 表示，载货汽车斜交轮胎与轿车斜交轮胎的尺寸 $B$ 和 $d$ 均使用英寸（in①）为单位。示例如下：

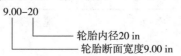

---

① 1 in = 2.54 cm。

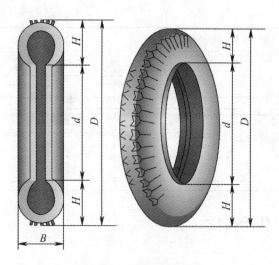

**图 4.1 轮胎尺寸标注**

D—轮胎外径;d—轮胎内径;H—轮胎断面高度;B—轮胎断面宽度

(2)子午线轮胎的规格

子午线轮胎的规格如图 4.2 所示。

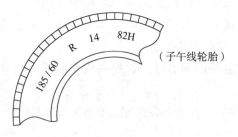

**图 4.2 子午线轮胎的规格**

1)185——轮胎名义断面宽度代号,表示轮胎宽度为 185mm。

2)60——轮胎名义扁平比代号,表示扁平比为 60%。扁平比是指轮胎断面高度 $H$ 与宽度 $B$ 之比,有 60、65、70、75、80 五个级别。

3)R——子午线轮胎结构代号,即"Radial"的第一个字母。

4)14——轮胎名义直径代号,表示轮胎内径为 14 英寸(in)。

5)82——荷重等级,即最大载荷质量。荷重等级为 82 的轮胎的最大载荷质量为 475kg。

6)H——速度等级代号,表明轮胎能行驶的最高车速。常见的速度等级及对应的最高车速见表 4.1。

**表 4.1 速度等级及对应的最高车速** (km·h$^{-1}$)

| 速度等级 | 最高车速 | 速度等级 | 最高车速 |
| --- | --- | --- | --- |
| L | 120 | T | 190 |
| M | 130 | U | 200 |
| N | 140 | H | 210 |

续表

| 速度等级 | 最高车速 | 速度等级 | 最高车速 |
| --- | --- | --- | --- |
| P | 150 | V | 240 |
| Q | 160 | Z | >240 |
| R | 170 | W | <270 |
| S | 180 | Y | <300 |

（3）轮胎侧面标记（见图4.3）

图 4.3　轮胎侧面标记

## （二）轮胎使用与保养

### 1. 轮胎充气

轮胎充气压力必须按照使用说明书中规定值充气，并在冷态时检查核对气压值。冬季轮胎气压值比夏季相应数值提高 0.2bar[①]，轮胎气压过高，会导致轮胎胎冠磨损严重，容易冲击爆破；轮胎气压过低，将导致油耗增加，同时使轮胎受挤压变形严重，剧烈温升会导致轮胎花纹裂开或使轮胎爆裂。

### 2. 轮胎磨损

要使汽车在行驶中具有良好的操纵稳定性，轮胎必须有良好的花纹。为此，世界各国对汽车轮胎花纹的磨损极限都作了相应的规定。我国规定轿车用的子午线轮胎花纹磨耗极限为

---

① 1bar = 0.1MPa。

1.6mm，并要求轮胎制造厂必须在轮胎上设置磨损标记，具体做法是：在轮胎花纹沟槽底部设置有高1.6mm的凸台，并在凸台两边上相应印出"△"标志（见图4.4），当轮胎花纹磨损到距沟槽底部1.6mm时，这部分的沟槽便开始断裂，因而出现一条清晰的裂纹，从而提醒驾驶员必须更换轮胎。

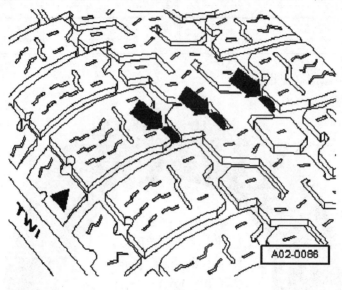

图4.4 磨损标记

汽车车轮转动时，轮胎直接承受来自路面的阻力。因此，行驶里程越长，胎面的磨损就越严重。轮胎的磨损形式多种多样，在汽车使用中，经常出现轮胎的异常磨损情况见表4.2。

表4.2 轮胎异常磨损形式

| 名称 | 中央磨损 | 两边磨损 | 局部磨损 |
|---|---|---|---|
| 外观 |  |  |  |
| 原因 | 轮胎气压过高，使胎面中心部分接地压力过高 | 轮胎压力过低，使两胎肩接地压力过高 | 1. 刹车抱死及制动不均；2. 轮辋变形及组装件等造成偏心 |

| 名称 | 羽状磨损 | 单边磨损 |
|---|---|---|
| 外观 |  |  |
| 原因 | 四轮定位不当（倾角及前束等） | 四轮定位不当（倾角及前束等） |

3. 轮胎换位

交换轮胎的安装位置，称为换位。轮胎因车种及安装位置不同而导致磨损情况不同，通过换位可使轮胎磨损均匀，延长其使用寿命。常用的换位方法有交叉换位法（见图4.5（a））和循环换位法，而子午线轮胎宜用单边换位法（见图4.5（b））。

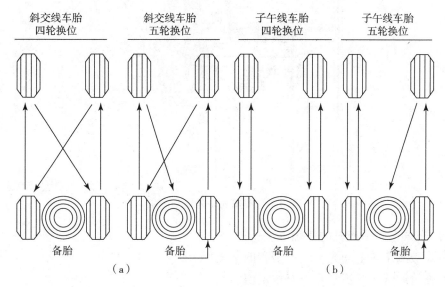

**图 4.5　轮胎换位**
（a）交叉换位；（b）单边换位

4. 轮胎平衡的检测

汽车的车轮是由轮胎、轮毂组成的一个整体，但由于制造原因，这个整体各部分的质量分布不可能非常均匀，而当汽车车轮高速旋转起来后，就会形成动不平衡状态，产生车辆行驶中车轮抖动、方向盘振动的现象。为了避免这种现象，就要使车轮在动态情况下通过增加配重的方法，校正车轮各边缘部分的平衡。这个校正的过程就是轮胎的动平衡，其对汽车高速行驶的稳定性起着非常重要的作用。

（1）离车式车轮动平衡机的结构简介

离车式车轮动平衡机如图4.6所示。目前应用最多的是硬式二面测定车轮动平衡机，该动平衡机一般由驱动装置、转轴与支承装置、显示与控制装置、制动装置、机箱和车轮防护罩等组成。驱动装置一般由电动机、传动机构等组成，可驱动转轴旋转。转轴由两个滚动轴承支承，每个轴承均有一个能将动反力变为电信号的传感器。转轴的外端通过锥体和大螺距螺母等固装被测车轮。驱动装置、转轴与支承装置等均装在机箱内。车轮防护罩可防止车轮旋转时其上的平衡块或花纹内夹杂物飞出伤人，制动装置可使车轮停转。

近年来生产的车轮动平衡机，其显示与控制装置多为微机式，具有自动诊断系统，传感器的电信号通过微机运算、分析、判断后可显示出不平衡量及相位。为了使显示的不平衡量恰是轮辋边缘所加平衡块的质量，还必须将测得的轮辋直径、轮辋宽度和轮辋边缘至平衡机机箱的距离（轮辋外悬尺寸），通过键盘或选择器旋扭输入微机。

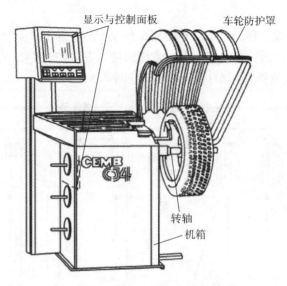

图4.6 离车式车轮动平衡机

（2）离车式车轮平衡机的使用方法

1) 清除被测车轮上的泥土、石子和旧平衡块。

2) 检查轮胎气压，视必要充至规定值。

3) 根据轮辋中心孔的大小选择锥体，仔细地装上车轮，用大螺距螺母上紧。

4) 打开电源开关，检查指示与控制装置的面板是否指示正确。

5) 用卡尺测量轮辋宽度 $b$、轮辋直径 $d$（也可由胎侧读出），用平衡机上的标尺测量轮辋边缘至机箱距离 $a$，用键入或选择器旋钮对准测量值的方法，将 $a$、$b$、$d$ 直接输入指示与控制装置中。为了适应不同计量制式，平衡机上的所有标尺一般均同时标有英制和公制刻度。

6) 放下车轮防护罩，按下起动键，车轮旋转，平衡测试开始，微机自动采集数据。

7) 车轮自动停转或听到"笛"声后，按下停止键，操纵制动装置使车轮停转，并从指示装置读取车轮内、外不平衡量和不平衡位置。

8) 抬起车轮防护罩，用手慢慢转动车轮，当指示装置发出指示（音响、指示灯亮、制动、显示点阵或显示检测数据等）时停止转动。在轮辋的内侧或外侧的上部（时钟12点位置）加装指示装置显示质量的平衡块，内、外侧要分别进行，平衡块装卡要牢固。

9) 安装平衡块后有可能产生新的不平衡，应重新进行平衡试验，直至不平衡量 <5g、指示装置显示"00"或"OK"时为止。当不平衡量相差10g左右时，如能沿轮辋边缘左右移动平衡块一定角度，将可获得满意的效果。

5. 四轮定位

现代汽车的车轮定位是指车轮、悬架系统元件以及转向系统元件，安装到车架（或车身）上的几何角度与尺寸须符合一定的要求，以保证汽车行驶的稳定性和安全性，减少汽车的磨损和油耗。前轮定位包括主销后倾（角）、主销内倾（角）、前轮外倾（角）和前轮前束四个内容；后轮定位包括车轮外倾（角）和逐个后轮前束。这样前轮定位和后轮定位总起来就称为四轮定位。四轮定位是通过专用的仪器（四轮定位仪）对车辆进行精确的测量后,根据测量结果与原厂设计标准对照,对车辆进行调整、维修等作业,使汽车恢复原厂标准,以达到最佳的操纵和行驶状态。

(1) 车轮前束

从汽车的正上方向下看,轮胎的中心线与汽车的纵向轴线之间的夹角称为前束角。轮胎中心线前端向内收束的角度为正前束角,反之为负前束角。前束角的作用是消除车轮外倾造成的不良后果。车轮外倾使前轮有向两侧张开的趋势,但受车桥约束,其不能向外滚开,导致车轮边滚边滑,增加了磨损。有了前束后可使车轮在每瞬间的滚动方向都接近于正前方,减轻了轮毂外轴承的压力和轮胎的磨损。车轮前束和前轮前束调整如图 4.7 所示。

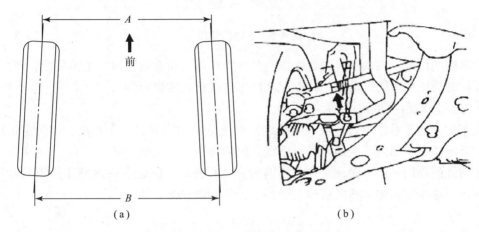

**图 4.7 车轮前束和前轮前束调整**
(a) 车轮前束;(b) 前轮前束调整

零前束 ($A = B$):左右轮胎的中心线,其前端与后端距离相等。

正前束 ($A < B$):左右轮胎的中心线,其前端小于后端距离。

负前束 ($A > B$):左右轮胎中心线,其前端大于后端距离。

一般在四轮定位仪上进行前束调整,但也有利用侧滑板进行调整的。调整前轮前束时,应先将后轮前束调整好。如发现后轮前束不符合要求,则可通过调整偏心螺栓来改变前束的大小。

前轮前束的调整方法:调整可调式拉杆,在调整前先将左、右两边球头锁止螺丝松开,夹紧方向盘正中位置,再根据电脑提供的资料同时进行调整。如果原来的方向盘在正中位置,同时调整前轮前束,方向盘可能不会变动,直至调整到标准数值,然后路试看其是否有变动,如有变动则应将其调正为止。

外倾角、后倾角及内倾无法调整,假如测量值不在厂家规定范围内,则检查悬挂系统组件是否损坏或磨损,如有必要,则更换新件。

(2) 主销后倾角

从汽车的侧面看,主销轴线(或车轮转向轴线)从垂直方向向后或向前倾斜一个角度称为主销后倾或前倾;在纵向垂直平面内,主销轴线与垂线之间的夹角称为主销后倾角,如图 4.8 所示。向垂线后面倾斜的角度称为正后倾角,向前倾斜的角度称为负后倾角。通常在汽车行驶过程中,主销后倾角应为正值。主销后倾角一般是在安装时,通过悬架元件的相互位置来保证的。

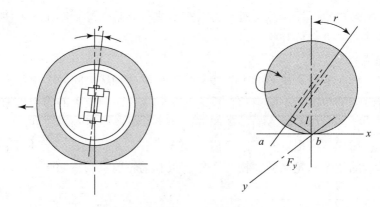

图 4.8 主销后倾角

主销后倾的作用：当汽车直线行驶偶然受外力作用而稍有偏转时，主销后倾将产生与车轮转向反向的力矩使车轮自动回正，以保证汽车直线行驶的稳定性。

(3) 主销内倾角（见图 4.9）

从汽车的正前方看，主销（或转向轴线）的上端略向内倾斜一个角度，称为主销内倾。在汽车的横向垂直平面内，主销轴线与垂线之间的夹角称为主销内倾角。

主销内倾的作用是使车轮在受外力而偏离直线行驶时，前轮会在内倾作用下自动回正。主销内倾还可减少前轮传至转向机构上的冲击，使转向轻便。

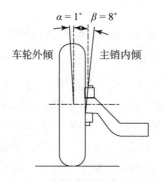

图 4.9 主销内倾和车轮外倾

(4) 车轮外倾角（见图 4.10）

车轮安装时并非垂直于地面，而是向外倾斜一个角度，即车轮外倾时从汽车的前面看，车轮偏离了铅垂线。当车轮顶部向汽车外部倾斜时角度为正，反之为负。

车轮外倾的主要作用：使车轮与地面的动态承载中心得到合理的分配，从而达到提高机械零件使用寿命及减少轮胎磨损等效果。

正常情况下独立悬架和车轮转向节装配后不必调整外倾角，如果发现车轮外倾角因其他原因偏离公差范围，则可通过独立悬架与转向节的连接螺栓来进行矫正：

1）矫正前先检查（目测）行驶系部件有无损坏，若有，则对损坏的零件进行更换；

2）若发现前轮外倾角超差，则松开前减震器与转向节的连接螺栓，扳动车轮加以矫正；如果需进一步矫正，则可采用更换螺栓的方法来进行车轮外倾角的调整，如图 4.10 所示。

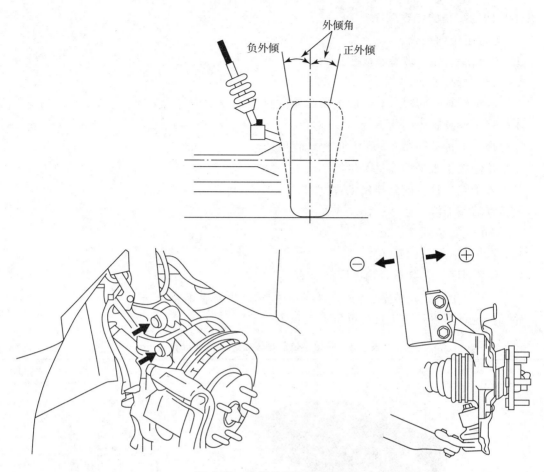

图 4.10　车轮外倾角及其调整

(5) 四轮定位仪（见图 4.11）

四轮定位仪是用于检测汽车的车轮定位参数并与原厂的设计参数进行比对，指导使用者对车轮定位参数进行相应调整，使其符合原厂设计要求，以使汽车达到理想的行驶性能（即操纵轻便、行驶稳定可靠并有较少轮胎磨损）的精密测量仪器。

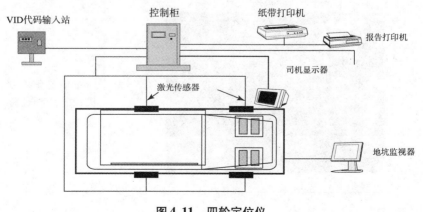

图 4.11　四轮定位仪

（6）四轮定位的调整顺序

1）进行定位前检查。

①检查轮胎气压，调整至规定压力。

②检查车身高度。

③检查车轮轴承间隙，必要时更换前轮轴承。

④检查轮辋及轮胎的状态。

⑤检查转向传动杆系及球节头的松动程度。

⑥将车停放于水平地面且不带行李或人。

⑦检查车轮，检查前悬挂松动程度。

⑧检查减震器能否正常运作。

2）将车辆安装到定位架上。

3）摇动车辆前部和后部。

4）调整顺序：先调整后轴再调整前轴。

5）对于单个轴，先调整主销后倾角和外倾角，再调整前束角。

轮胎换位现场设备、工具等准备见表4.3。

表4.3　轮胎换位现场设备、工具等准备

| 名称 | 准备演示 | 讲解 | 说明 |
| --- | --- | --- | --- |
| 车辆场地准备 |  |  | 最好与维修场地区别，建立新车交付区，因为维修车间的油污、垃圾等难免会影响到新车，而且也会给客户带来负面影响 |
| 举升机 |  |  | 车辆必须有举升机，用于检查底盘 |

续表

| 名称 | 准备演示 | 讲解 | 说明 |
|---|---|---|---|
| 世达工具 | | 对螺栓、线路进行检测，发现有松动应及时安装好 | |
| 深度尺 | | 轮胎花纹深度可用深度尺进行测量 | |
| 胎压表 | | 新车出厂后会经过运输、销售，需等待一段时间，所以胎压测量是非常有必要的 | |
| 车轮平衡机 | | 用车轮平衡机进行轮胎的动平衡测试 | |

续表

| 名称 | 准备演示 | 讲解 | 说明 |
|---|---|---|---|
| 四轮定位仪 | | 轮胎换位后进行四轮定位 | |
| 维修手册（大众维修手册） | | 当出现问题时应及时查阅维修手册 | |

## 二、任务实施

轮胎换位操作见表4.4。

表4.4　轮胎换位操作

| 名称 | 检查演示 | 讲解 | 说明 |
|---|---|---|---|
| 准备工作 | | （1）汽车进入工位前，将工位清理干净，准备好相关器材；<br>（2）将汽车停驻在举升机中央位置；<br>（3）拉紧驻车制动器操纵杆，并将变速杆置于空挡位置；<br>（4）套上转向盘护套、变速杆手柄套和座位套，铺设脚垫 | |

续表

| 名称 | 检查演示 | 讲解 | 说明 |
|---|---|---|---|
| 轮胎检查 | 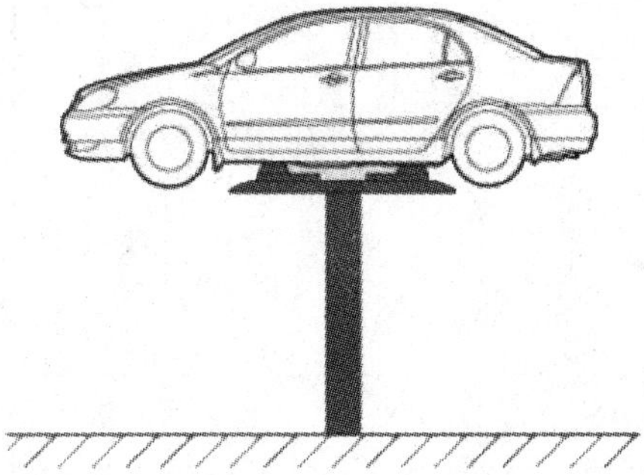 | 举升车辆，缓慢转动轮胎，检查轮胎是否有胎体变形、鼓包、橡胶开裂、异常磨损及穿刺异物等现象。检查并清除轮胎花纹中堆积的杂物等 | 如果轮胎花纹接近磨损标记，应更换轮胎 |
| 胎面花纹深度检查 | 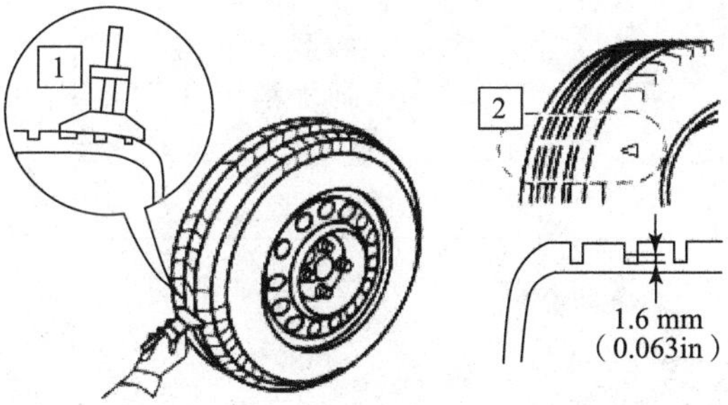 | （1）擦净轮胎花纹顶面及纹槽；将深度尺垂直插入纹槽中（图1），保持深度尺测量平面与两侧花纹顶面可靠接触；观察并读取深度尺外壳顶端与标尺对齐刻度线指示的数值，该数值即为轮胎花纹深度值。<br>（2）轮胎侧面都有花纹磨耗标记（图2），是一个很小的三角形，花纹磨到三角尖时应尽快换新胎 | 如果经过测量，前轮轮胎比后轮胎花纹磨损严重，应进行车轮换位 |
| 轮胎气压检查 | 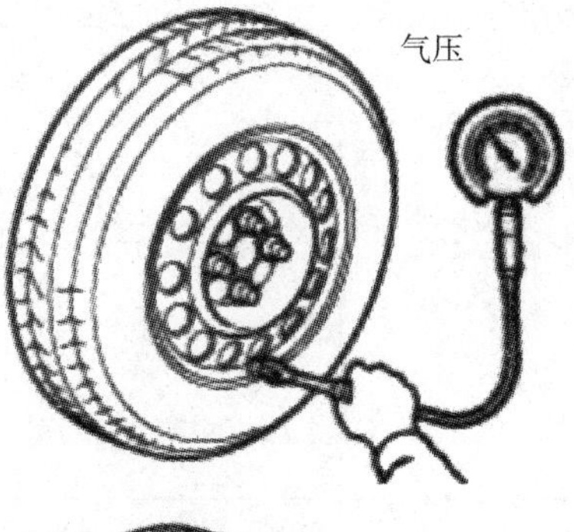 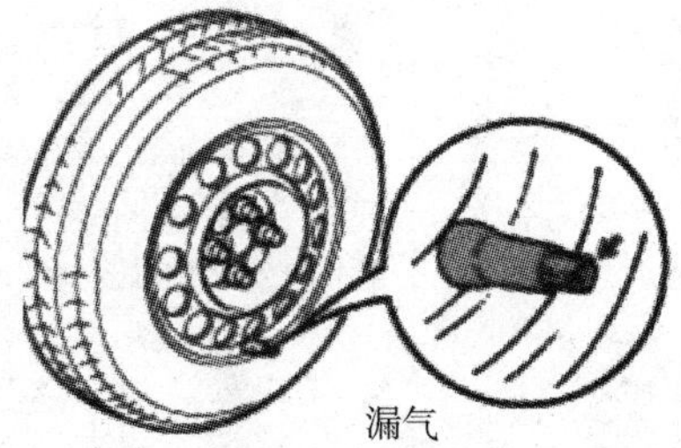 | 轮胎气压可用气压表进行检查。不同的车辆，轮胎的气压值也许不同，检查时应参看相应车辆的维修手册；检查气门嘴是否漏气、气门帽是否齐全，如发现损坏或缺少应立即修理或补齐 | 如果气压不足，应按标准补足，备胎气压应高于使用中轮胎的气压 |

续表

| 名称 | 检查演示 | 讲解 | 说明 |
|---|---|---|---|
| 轮胎换位 | | 使用车轮螺母拆装机或用套筒扳手初步拧松各连接螺母（1~4） | 轮胎换位后，应按所换的胎位要求重新调整气压。轮胎换位后须做好记录，下次换位仍要按上次选定的换位方法换位 |
| | | 拧下车轮与轮毂连接的全部螺母，取下垫圈，并摆放整齐。边向外拉边左右晃动车轮，从车轴上取下车轮总成 | |
| | 显示与控制面板　车轮防护罩　转轴　机箱 | 对拆下的轮胎进行动平衡测试 | |
| | 4轮　5轮　前轮驱动车辆　后轮驱动车辆 | 按照轮胎换位的要求，将轮胎摆放到需要安装的位置 | |

续表

| 名称 | 检查演示 | 讲解 | 说明 |
|---|---|---|---|
| 轮胎换位 | | （1）顶起车桥，套上车轮，将螺母初步拧在螺柱上。<br>（2）放下车轮并在车轮前后用三角木掩住，用扭力扳手或车轮螺母拆装机，按对角线顺序分2~3次拧紧车轮螺母，最后一次要按规定力矩拧紧 | |
| 四轮定位 | | 对轮胎换位后的车辆进行四轮定位。清理工具，收回防护五件套，并进行现场清洁 | |
| 整理作业工位 | | （1）收回前格栅布，关闭发动机舱盖。<br>（2）对垃圾进行分类。<br>（3）清洁、整理工具车和工作台。<br>（4）清洁车辆和场地 | |

### 三、任务评价

填写表4.5所示的任务评价表。

表 4.5　任务评价表

| 评价内容 | | 评价等级 | | |
|---|---|---|---|---|
| 任务 | 综合能力测评：<br>1. 请在对应条目的○内打"√"或"×"，不能确定的条目不填，可以在小组评价时让本组同学讨论并写出结论。<br>2. 评价结果全对得 ☻，错一项得 ☺，错两项或以上得 ☹ | ☻ | ☺ | ☹ |
| 综合能力测评任务 | ○按时到场　○工装齐备　○书、本、笔齐全 | | | |
| | ○安全操作　○责任心强　○7S 管理规范 | | | |
| | ○学习积极主动　○合理使用教学资源　○主动帮助他人 | | | |
| | ○接受工作分配　○有效沟通　○高效完成工作任务 | | | |
| 专业能力测评任务 | 保养流程 | | | |
| | 完工检验 | | | |
| 小组评语及建议 | 他（她）做到了：<br><br>他（她）的不足：<br><br>给他（她）的建议： | 组长签名：<br><br><br>年　月　日 | | |
| 教师评语及建议 | | 评价等级：<br>教师签名：<br><br>年　月　日 | | |

## 练习题

1. 轮胎不正常磨损的情况有哪些？试分析造成不正常磨损的原因。
2. 轮胎换位的方法有哪些？
3. 在做四轮定位时应该注意哪些事项？

## 学习任务2　更换火花塞

### 一、计划与准备

（一）火花塞的结构与特性

1. 火花塞的结构

火花塞的结构如图 4.12 所示。火花塞的放电部分是中心电极和侧电极，它们之间用高氧化铝陶瓷绝缘体隔开。绝缘体内部的中心导电部分分为三段，上部是金属杆，金属杆的上部制有螺纹，其上拧有接线螺母；中间是膨胀系数与陶瓷绝缘体相差不大的导电玻璃，以确保火花塞在各种温度下的密封性；下部是中心电极。陶瓷绝缘体的外面是钢制壳体，有两个铜制的内垫圈，起密封和导热作用。壳体的上部制成六方体，下部制有螺纹，壳体的下端为侧电极，螺纹的上端有密封垫圈。

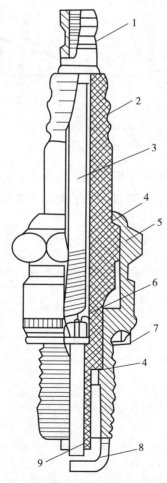

图 4.12　火花塞的结构

1—接线螺母；2—绝缘陶瓷体；3—金属杆；4—内密封垫圈；5—壳体；
6—导电玻璃；7—密封垫圈；8—侧电极；9—中心电极

2. 火花塞的热特性

火花塞的热特性是指火花塞的温度特性,其裙部的工作温度为450℃~950℃。火花塞的工作温度受发动机功率、转速、压缩比和结构的影响。

火花塞的热特性取决于火花塞裙部(陶瓷绝缘体暴露在燃烧室内的部分)的长度,裙部长的火花塞受热面积大,传热的路径长,散热困难,因而工作温度高,称为热型火花塞;裙部短的火花塞受热面积小,传热路径短,散热容易,因而工作温度低,称为冷型火花塞。如图4.13所示。

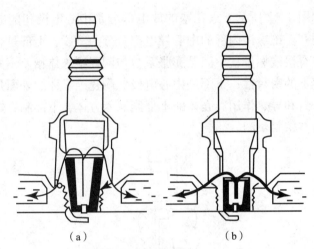

图4.13 火花塞示意图

(a)热型火花塞;(b)冷型火花塞

火花塞的热特性通常用热值表示,并用阿拉伯数字表示热值的高低,一般数值越大,表示火花塞越冷。我国以火花塞绝缘体裙部的长度来标定火花塞的热特性,一般用热值3~9来表示。

火花塞的热特性与裙部长度、热值的关系见表4.6。

表4.6 火花塞的热特性与裙部长度、热值的关系

| 裙部长度/mm | 15.5 | 13.5 | 11.5 | 9.5 | 7.5 | 5.5 | 3.5 |
|---|---|---|---|---|---|---|---|
| 热值 | 3 | 4 | 5 | 6 | 7 | 8 | 9 |
| 热特性 | 热←——————————————————————→冷 | | | | | | |

3. 火花塞的型号

根据《火花塞产品型号编制方法》(ZB/T 37003—1989)的规定,火花塞型号由三部分组成:

| 1 | 2 | 3 |

1——火花塞结构类型及主要形式尺寸,用汉语拼音字母表示。

2——热值,用阿拉伯数字表示。

3——火花塞派生产品结构特征、发火端特征、材料特性及特殊技术要求,用汉语拼音

字母表示。例如，F5RTC 型火花塞，表示螺纹规格为 M14×1.25，螺纹旋合长度为 19mm，壳体六角对边距离为 20.8mm，热值为 5，是带电阻、镍铜复合电极、绝缘体突出型的平座火花塞。

（二）火花塞的使用与保养

火花塞的使用寿命一般为 15 000~30 000km，但有些车上使用的火花塞采用特殊材料，使用寿命可达 50 000~100 000km。有些车上的火花塞可能会因发动机维护不及时或不当，达不到正常使用寿命。

如果检查发现火花塞严重烧蚀或损坏，应及时更换。若不及时更换，火花塞虽能点火，但由于火花塞的烧损会引起点火性能下降、可燃混合气燃烧不完全，使油耗、排放增加，起动困难，加速无力。

火花塞更换现场设备、工具等准备见表 4.7。

表 4.7  火花塞现场设备、工具等准备

| 名称 | 准备演示 | 讲解 | 说明 |
| --- | --- | --- | --- |
| 车辆场地准备 | | 最好与维修场地区别，建立新车交付区，因为维修车间的油污、垃圾等难免会影响到新车，而且也会给客户带来负面影响 | |
| 举升机 | | 车辆必须有举升机，用于检查底盘 | |
| 世达工具 | | 对螺栓、线路进行检测，发现有松动应及时安装好 | |

续表

| 名称 | 准备演示 | 讲解 | 说明 |
|---|---|---|---|
| 火花塞专用套筒 | | 必须用火花塞专用套筒进行拆卸和安装 | |
| 维修手册（大众维修手册） | | 当出现问题时应及时查阅维修手册 | |

## 二、任务实施

火花塞更换操作见表4.8。

表4.8  火花塞更换操作

| 名称 | 检查演示 | 讲解 | 说明 |
|---|---|---|---|
| 准备工作 | | （1）汽车进入工位前，将工位清理干净，准备好相关器材；<br>（2）将汽车停驻在举升机中央位置；<br>（3）拉紧驻车制动器操纵杆，并将变速杆置于空挡位置；<br>（4）套上转向盘护套、变速杆手柄套和座位套，铺设脚垫 | |

续表

| 名称 | 检查演示 | 讲解 | 说明 |
|------|----------|------|------|
| 除灰尘 | 点火线圈、火花塞、ECM、发动机舱继电器盒-集成继电器（IG2继电器）（IG2熔断丝）-IG2 No.2熔断丝 | 用压缩空气除去火花塞周围气缸盖上的灰尘 | |
| 断高压线 | | 断开火花塞上的高压线。注意只能用力拉火花塞盖 | |
| 拆卸火花塞 | | 使用专用工具——火花塞套筒，拧松火花塞并取出火花塞，注意不要让杂质进入火花塞孔 | 拆卸火花塞时，要等到发动机温度下降后再进行 |

续表

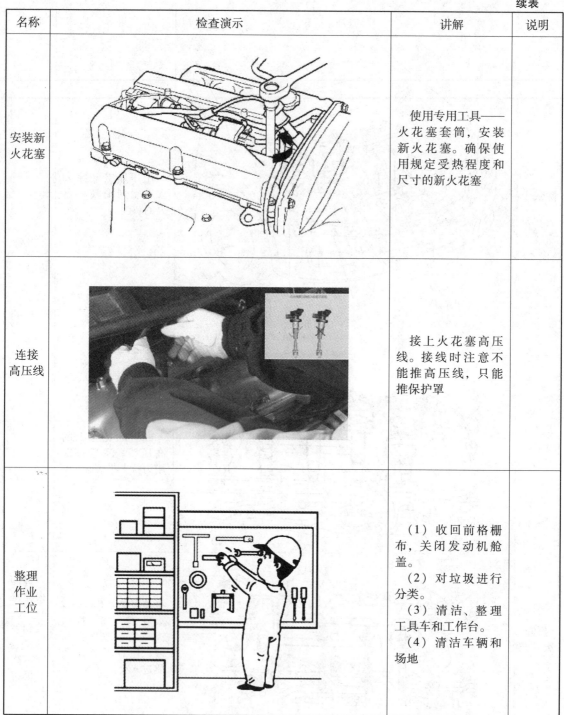

| 名称 | 检查演示 | 讲解 | 说明 |
|---|---|---|---|
| 安装新火花塞 | | 使用专用工具——火花塞套筒,安装新火花塞。确保使用规定受热程度和尺寸的新火花塞 | |
| 连接高压线 | | 接上火花塞高压线。接线时注意不能推高压线,只能推保护罩 | |
| 整理作业工位 | | (1)收回前格栅布,关闭发动机舱盖。<br>(2)对垃圾进行分类。<br>(3)清洁、整理工具车和工作台。<br>(4)清洁车辆和场地 | |

## 三、任务评价

填写表4.9所示的任务评价表。

表4.9 任务评价表

| 任务 | 评价内容 | | 评价等级 | | |
|---|---|---|---|---|---|
| | 综合能力测评：<br>1. 请在对应条目的○内打"√"或"×"，不能确定的条目不填，可以在小组评价时让本组同学讨论并写出结论。<br>2. 评价结果全对得😎，错一项得🙂，错两项或以上得☹ | | 😎 | 🙂 | ☹ |
| 综合能力测评任务 | ○按时到场　○工装齐备　○书、本、笔齐全 | | | | |
| | ○安全操作　○责任心强　○7S管理规范 | | | | |
| | ○学习积极主动　○合理使用教学资源　○主动帮助他人 | | | | |
| | ○接受工作分配　○有效沟通　○高效完成工作任务 | | | | |
| 专业能力测评任务 | 保养流程 | | | | |
| | 完工检验 | | | | |
| 小组评语及建议 | 他（她）做到了：<br><br>他（她）的不足：<br><br>给他（她）的建议： | | 组长签名：<br><br><br>　　　年　月　日 | | |
| 教师评语及建议 | | | 评价等级：<br><br>教师签名：<br><br>　　　年　月　日 | | |

## 练习题

1. 简述火花塞的热特性。
2. 简述火花塞的更换流程。

## 学习任务 3　更换制动液

### 一、计划与准备

#### （一）制动液

制动液，又叫刹车油，是汽车液压制动系统中传递制动压力的液态介质。制动液用于汽车液压制动系统中，当液体受到压力时，便会快速而均匀地把压力传送到液体的各个部分，液压制动系统就是利用这个原理进行工作的。制动液的优劣直接影响着汽车的行驶安全。

1. 制动液的性能要求

（1）黏温性好，凝固点低，低温流动性好；

（2）沸点高，高温下不产生气阻；

（3）使用过程中品质变化小，且不引起金属件与橡胶件的腐蚀和变质。

2. 制动液的规格

制动液如机油一样，也有等级之分，目前常见的有 DOT-3、DOT-4、DOT-5。DOT 是美国汽车安全标准规定标称，其数字越大，级别越高。DOT-3 与 DOT-4 的沸点不同，DOT-4 比 DOT-3 更耐高温。制动液的性能指标见表 4.10。

表 4.10　制动液的性能指标

| | 工作情况 | DOT-3 | DOT-4 |
|---|---|---|---|
| 沸点（平衡环流沸点） | 干 | 205°C 以上 | 230°C 以上 |
| | 湿 | 140°C 以上 | 155°C 以上 |

不同类型、不同等级的制动液不能混用，以免相互间产生化学反应，影响制动效果。

3. 制动储液罐液面高度

制动液面必须达到标准，一般应处于储液罐最高（MAX）与最低（MIN）两标记之间，如图 4.14 所示。

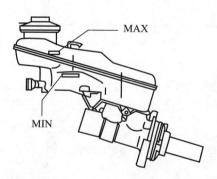

图 4.14　最高（MAX）和最低（MIN）标记

正确的液面高度应在储液罐的上限（MAX）和下限（MIN）标线之间。若制动液面过低,则应向储液罐内加入制动液至上限位置。若行驶中制动液面过低导致报警灯亮,应立即添加制动液。

4. 制动液缺少的原因

随着车辆的使用,制动总泵储液罐内会发生制动液缺少的现象,其主要原因有以下3点:

1)正常挥发,导致制动液缺少。

2)制动摩擦材料磨损,导致液压管路中制动液量增加。

现代汽车都装有摩擦片自动调整机构,该机构可自动调整摩擦片与摩擦盘之间的间隙。因此,在使用过程中,制动液面可能略有下降,这种情况属于正常现象。

3)制动管路发生泄漏,导致制动液缺少。

若短期内液面下降明显或降至最低标记以下,则表明制动系统内出现泄漏,此时应立即进行检修,切不可凑合或拖延。导致制动液泄漏的原因也有很多,如管路老化及制动分泵、总泵、分配阀、储液罐损坏等。

(二)制动液添加

制动液添加的前提条件:经检查发现制动总泵储液罐内制动液液面高度明显低于上限(MAX)标线。

1. 检查制动液泄漏

1)检查制动总泵及制动管、软管是否有泄漏。

2)检查制动防抱死(ABS)系统是否有泄漏。

3)操作举升机,将车辆举升至高位。

注意:举升前,必须检查车辆在举升机上停放的稳定性。

4)检查底盘的制动管路是否有泄漏。

5)检查前轮、后轮制动分泵及管路是否有泄漏。

2. 添加制动液

1)打开制动总泵储液罐的密封盖。

2)添加制动液。

3)确认制动液量未超过上限(MAX)标线。

4)迅速盖上制动总泵储液罐的密封盖。

注意:制动液具有较强的吸湿性,长时间打开储液罐的密封盖会导致制动液变质。

3. 整理作业工位

1)收回前格栅布,关闭发动机舱盖。

2)对垃圾进行分类。

3)清洁、整理工具车和工作台。

4)清洁车辆和场地。

(三)更换制动液

1. 制动液在使用中易变质

车辆制动时,会有大量的热传到制动液,使制动液温度升高,长期处于这种高温条件下,制动液会发生氧化变质,失去原有性能,严重时会导致液压制动系统制动能力下降与丧失。制动液色泽慢慢变化就是由制动液变质造成的。

## 2. 制动液的吸湿性

制动液具有较强的吸湿性，会吸纳周围环境中的水分。随着时间的推移，在制动液中积累的水分越来越多，其沸点会越来越低，如再遭遇频繁制动，制动液温度上升，很可能导致制动液沸腾，并产生气泡；另一方面，制动液中的水分会对制动总泵及分泵的缸体和活塞造成腐蚀，导致总泵泄漏、分泵咬死。因此，应避免制动液长时间暴露在空气中，且制动液添加或检查完后应及时盖上制动储液罐密封盖。

## 3. 制动液的腐蚀性

制动液是腐蚀性液体，严禁接触人体和汽车漆面，如有接触，则立即清洗干净。

## 4. 制动液更换周期

汽车生产厂家对制动液更换周期都有规定，一般为2年或车辆行驶4万公里。

制动液更换现场设备、工具等准备见表4.11。

表4.11 制动液现场设备、工具等准备

| 名称 | 准备演示 | 讲解 | 说明 |
| --- | --- | --- | --- |
| 车辆场地准备 |  | 最好与维修场地区别，建立新车交付区，因为维修车间的油污、垃圾等难免会影响到新车，而且也会给客户带来负面影响 |  |
| 举升机 |  | 车辆必须有举升机，用于检查底盘 |  |
| 世达工具 |  | 对螺栓、线路进行检测，发现有松动应及时安装好 |  |

续表

| 名称 | 准备演示 | 讲解 | 说明 |
|---|---|---|---|
| 软管和制动液收集器 | | 用于排放旧制动液及进行制动管路放气 | |
| 维修手册（大众维修手册） | | 当出现问题时，应及时查阅维修手册 | |

## 二、任务实施

制动液更换操作见表4.12。

表4.12 制动液更换操作

| 名称 | 检查演示 | 讲解 | 说明 |
|---|---|---|---|
| 准备工作 | | （1）在汽车进入工位前，将工位清理干净，准备好相关器材；<br>（2）将汽车停驻在举升机中央位置；<br>（3）拉紧驻车制动器操纵杆，并将变速杆置于空挡位置；<br>（4）套上转向盘护套、变速杆手柄套和座位套，铺设脚垫 | |

续表

| 名称 | 检查演示 | 讲解 | 说明 |
|---|---|---|---|
| 排放旧制动液 | | 一人位于驾驶室内准备踩压制动踏板 | 车下制动液更换的顺序为右后轮→左后轮→右前轮→左前轮 |
| | | 另一人在车下用软管在制动分泵放气塞上安装制动液收集器 | |
| | | 车下人员发信号给车上人员，连续踏压制动踏板数次，并保持踏紧状态，车下人员拧松排放塞1/4圈，放出旧的制动液，然后再拧紧排放塞。重复上述动作4~6次，直到旧的制动液完全被排出 | |
| 加注新制动液 | | 拆下储液罐盖，擦净油液。将新的制动液缓慢倒入储油罐内，保持液面在标准范围内 | 如果制动液泄漏到涂漆表面，则应立即将其清洗干净 |

续表

| 名称 | 检查演示 | 讲解 | 说明 |
|------|---------|------|------|
| 制动管路排放空气 | | 一人在驾驶室内连续踩下制动踏板5~6次，然后踩住不放。另一人在车下立刻拧松制动分泵空气阀，排出空气，再瞬间拧紧，并告知车内人员。重复上述动作，直至制动液从空气阀以直线射出（喷油强劲且无气泡产生）为止 | 对制动系进行放气的同时，如果储液罐内制动液缺少，应适时加注适量新制动液至标准位置 |
| 制动性能测试 | | 踩下制动踏板后，制动生效，轮胎不存在滚动现象；松开踏板时无制动拖滞现象 | |
| 整理作业工位 | | （1）收回前格栅布，关闭发动机舱盖。<br>（2）对垃圾进行分类。<br>（3）清洁、整理工具车和工作台。<br>（4）清洁车辆和场地 | |

### 三、任务评价

填写表4.13所示的任务评价表。

表 4.13  任务评价表

| 任务 | 评价内容 | 评价等级 | | |
|---|---|---|---|---|
| 任务 | 综合能力测评：<br>1. 请在对应条目的○内打"√"或"×"，不能确定的条目不填，可以在小组评价时让本组同学讨论并写出结论。<br>2. 评价结果全对得 😎，错一项得 🙂，错两项或以上得 ☹ | 😎 | 🙂 | ☹ |
| 综合能力测评任务 | ○按时到场  ○工装齐备  ○书、本、笔齐全 | | | |
| | ○安全操作  ○责任心强  ○7S管理规范 | | | |
| | ○学习积极主动  ○合理使用教学资源  ○主动帮助他人 | | | |
| | ○接受工作分配  ○有效沟通  ○高效完成工作任务 | | | |
| 专业能力测评任务 | 保养流程 | | | |
| | 完工检验 | | | |
| 小组评语及建议 | 他（她）做到了：<br><br>他（她）的不足：<br><br>给他（她）的建议： | 组长签名：<br><br><br><br>年　月　日 | | |
| 教师评语及建议 | | 评价等级：<br><br>教师签名：<br><br>年　月　日 | | |

## 练习题

1. 制动液缺少的原因是什么？
2. 简述更换制动液的操作流程。

## 学习任务 4　更换动力转向传动液

### 一、计划与准备

#### （一）动力转向传动液的分类

现代汽车的动力转向系统基本上是液压系统，不同车种与车型动力转向系统的精密程度和使用要求各有差异。因此，各厂家对动力转向传动液的选择和换液周期的规定也有所不同。如国内过去一些中、低档车的动力转向系统有加注 22 号汽轮机油或 46 号液压油的，低温寒带地区有选用 10 号航空液压油、6 号或 8 号液力传动油的。现在新型或高档的车种和车型多选用 ATF 液传动油或合成液力传动油，这些油品的实际使用性能和寿命都较过去的油品有了很大的改善。一般用户应根据汽车厂商车辆保养手册中的规定进行动力转向传动液的选用和更换。

#### （二）动力转向传动液的选用和更换

一般应根据不同的车型选择转动力转向传动液，目前国内汽车大多选用 ATF 液力传动油或合成液力传动油，一般根据汽车原来使用的油液来进行选择。在选用转向液时应注意以下事项。

1. 油液品质应符合规定

液压动力转向系统所使用的油液牌号应符合原厂规定。油液应具备良好的黏温特性、耐磨性、抗氧化性和润滑性等性能，且无杂质和沉淀物等。无原厂规定牌号的油液时，可用 13 号机械油或 8 号液力传动油代替，但两种油液不可混用。

2. 定期检查转向油罐的液面高度

结合维护周期检查转向油罐液面高度是否在规定刻线之间，不足时应添加，添加的油液要经过滤清器，且品种要与原油液相同。

3. 应适时换油

因液压动力转向系统的油液是在高温高压下工作的，易变质，所以要定期更换，一般一年更换一次，或按原厂规定进行更换。换油时，将前轴顶起，发动机以怠速运转，拆下转向器下部的放油螺塞，左、右打转向盘至极限位置数次，待原来旧油液排完后立即熄灭发动机并旋上放油螺塞，然后按规定加满新油即可。

4. 应及时排除系统内的空气

在转向系统混入空气时，需要将空气排出。排气的方法是先将油液加注到油罐规定的液面高度，然后起动发动机，在怠速状态下左、右打转向盘到极限位置（在极限位置停留时间不得超过 10s，以防油泵发热而被烧坏），反复几次，并不断往油罐补充油液。同时，松开系统中的放气螺钉，直到油液充满整个系统、放气口没有气泡冒出、油罐内油面不再下降为止，然后拧紧放气螺钉。

5. 切勿将动力转向传动液当成制定液来使用

因动力转向传动液和制动液的流动性及沸点等均不同，所以在维修车辆时要特别注意切勿将动力转向传动液当成制动液来使用，否则会导致制动失灵。另外，转向时不可将方向"打死"，否则易烧坏转向助力泵等。

动力转向传动液更换现场设备、工具等准备见表 4.14。

表 4.14　动力转向传动液更换现场设备、工具等准备

| 名称 | 准备演示 | 讲解 | 说明 |
|---|---|---|---|
| 车辆场地准备 | | 最好与维修场地区别，建立新车交付区，因为维修车间的油污、垃圾等难免会影响到新车，而且也会给客户带来负面影响 | |
| 举升机 | | 车辆必须有举升机，用于检查底盘 | |
| 世达工具 | | 对螺栓、线路进行检测，发现有松动应及时安装好 | |
| 抽吸工具和油盘 | | 抽吸工具与油盘分别用于抽吸和储存旧油液 | |
| 维修手册（大众维修手册） | | 当出现问题时应及时查阅维修手册 | |

## 二、任务实施

动力转向传动液的更换操作见表4.15。

表4.15 动力转向传动液的更换操作

| 名称 | 检查演示 | 讲解 | 说明 |
|---|---|---|---|
| 准备工作 | | （1）在汽车进入工位前，将工位清理干净，准备好相关器材；<br>（2）将汽车停驻在举升机中央位置；<br>（3）拉紧驻车制动器操纵杆，并将变速杆置于空挡位置；<br>（4）套上转向盘护套、变速杆手柄套和座位套，铺设脚垫 | |
| 排放旧油液 | 抽吸工具 | 用抽油工具抽吸旧油液，拆下出油软管，打开加油盖，在油管下放一油盘。起动发动机，左、右转动转向盘到极限位置数次，直到油管没有油出来为止 | 注意：不要转动太久，以免在没油的状态下损坏转向器 |
| 加注新油液 | A | 装上油管，清理干净油迹后往油壶加与车相符合的转向油，慢慢转动转向盘到左、右极限位置，直到转动无异响后油罐内油面不再下降为止 | 加转向油至上下刻线之间 |

续表

| 名称 | 检查演示 | 讲解 | 说明 |
|---|---|---|---|
| 整理作业工位 | | （1）收回前格栅布,关闭发动机舱盖。<br>（2）对垃圾进行分类。<br>（3）清洁、整理工具车和工作台。<br>（4）清洁车辆和场地。 | |

## 三、任务评价

填写表4.16所示任务评价表。

表4.16 任务评价表

| | 评价内容 | 评价等级 | | |
|---|---|---|---|---|
| 任务 | 综合能力测评：<br>1. 请在对应条目的〇内打"√"或"×"，不能确定的条目不填，可以在小组评价时让本组同学讨论并写出结论。<br>2. 评价结果全对得😎，错一项得🙂，错两项或以上得🙁 | 😎 | 🙂 | 🙁 |
| 综合能力测评任务 | 〇按时到场　〇工装齐备　〇书、本、笔齐全 | | | |
| | 〇安全操作　〇责任心强　〇7S管理规范 | | | |
| | 〇学习积极主动　〇合理使用教学资源　〇主动帮助他人 | | | |
| | 〇接受工作分配　〇有效沟通　〇高效完成工作任务 | | | |
| 专业能力测评任务 | 保养流程 | | | |
| | 完工检验 | | | |

续表

| | 评价内容 | 评价等级 | | |
|---|---|---|---|---|
| 任务 | 综合能力测评：<br>1. 请在对应条目的○内打"√"或"×"，不能确定的条目不填，可以在小组评价时让本组同学讨论并写出结论。<br>2. 评价结果全对得 😎，错一项得 🙂，错两项或以上得 😞 | 😎 | 🙂 | 😞 |
| 小组评语及建议 | 他（她）做到了：<br><br>他（她）的不足：<br><br>给他（她）的建议： | 组长签名：<br><br><br>年　月　日 | | |
| 教师评语及建议 | | 评价等级：<br><br>教师签名：<br><br>年　月　日 | | |

## 练习题

1. 简述动力转向传动液的选用原则。
2. 简述更换动力转向传动液的流程。

## 学习任务5　更换冷却液

### 一、计划与准备

现代汽车所用冷却液是在原来防冻液的基础上添加防沸剂、防锈剂和防垢等添加剂，从而使其成为具有防结冰、防沸腾、防锈蚀和防水垢等综合作用的冷却媒介，其适用于各地各种车辆。

#### （一）冷却液的分类

冷却液由水、防冻剂和添加剂三部分组成，按防冻剂成分不同可分为酒精型、甘油型和乙二醇型等。酒精型冷却液是用乙醇（俗称酒精）作防冻剂，价格便宜、流动性好、配制工艺简单，但沸点较低、易蒸发损失、冰点易升高、易燃，现已逐渐被淘汰；甘油型冷却液沸点高、挥发性小、不易着火、无毒、腐蚀性小，但降低冰点效果不佳、成本高、价格昂贵，用户难以接受，只有少数北欧国家仍在使用；乙二醇型冷却液是用乙二醇作防冻剂，并添加少量抗泡沫、防腐蚀等综合添加剂配制而成的，由于乙二醇易溶于水，可以任意配成各种冰点的冷却液，故其最低冰点可达 −68 ℃，这种冷却液具有沸点高、泡沫倾向低、黏温性能好、防腐和防垢等特点，是一种较为理想的冷却液，目前国内外发动机所使用的冷却液和市场上所出售的冷却液几乎都是这种乙二醇型冷却液。

**（二）冷却液的选用**

正确使用冷却液，可起到防腐蚀、防穴蚀渗漏、防散热器开锅、防水垢和防冻结等作用，能够使冷却系统始终处于最佳的工作状态，保证发动机的正常工作温度。如果使用中不注意，将严重影响发动机的正常工作性能和使用寿命。

1. 要坚持常年使用冷却液

对于传统发动机，能够保证发动机正常工作的冷却液温度为80℃～90℃；但对于电控发动机，由于其高转速、高压缩比和高功率的工作特点，其机械负荷及热负荷较大，摩擦热较高，因而对冷却液正常工作温度的要求已提高到95℃～105℃。这与人们形成的传统发动机冷却水"正常水温"观点不同，需要人们转变认识观念，而且要注意冷却液使用的连续性，那种只在冬季使用的观点是错误的（只知道冷却液的防冻功能，而忽视了冷却液防腐、防沸、防垢等作用）。

2. 正确选用

选用冷却液时，其冰点要低于环境最低温度10℃左右。汽车配件市场上的冷却液种类很多，但大多"冷却液"实际上只是"防冻液"，使用醇和水混合后添加色素制成，内无任何冷却液应具有的添加剂，沸点在90℃左右，腐蚀性较强，易导致发动机发生过热现象。

3. 尽量使用同一品牌的防冻液

不同品牌的防冻液其生产配方会有所差异，如果混合使用，多种添加剂之间很可能会发生化学反应而影响冷却效果。

4. 必须定期更换

一般为每2年或每行驶4万公里更换一次，更换时应放净旧液，将冷却系统清洗干净后再换上新液。防冻液的有效期多为2年（个别产品会长一些），添加时应确认该产品在有效期之内。

冷却液更换现场设备、工具等准备见表4.17。

表4.17 冷却液更换现场设备、工具等准备

| 名称 | 准备演示 | 讲解 | 说明 |
| --- | --- | --- | --- |
| 车辆场地准备 | | 最好与维修场地区别，建立新车交付区，因为维修车间的油污、垃圾等难免会影响到新车，而且也会给客户带来负面影响 | |

续表

| 名称 | 准备演示 | 讲解 | 说明 |
|---|---|---|---|
| 举升机 | | 车辆必须有举升机，用于检查底盘 | |
| 世达工具 | | 对螺栓、线路进行检测，发现有松动应及时安装好 | |
| 油盘 | | 排放储存的旧冷却液 | |
| 维修手册（大众维修手册） | | 当出现问题时应及时查阅维修手册 | |

## 二、任务实施

冷却液更换操作见表 4.18。

表 4.18 冷却液更换操作

| 名称 | 检查演示 | 讲解 | 说明 |
|---|---|---|---|
| 准备工作 | | （1）在汽车进入工位前，将工位清理干净，准备好相关器材；<br>（2）将汽车停驻在举升机中央位置；<br>（3）拉紧驻车制动器操纵杆，并将变速杆置于空挡位置；<br>（4）套上转向盘护套、变速杆手柄套和座位套，铺设脚垫 | |
| 排放旧冷却液 | | 将空调控制系统设置为最大加热，卸下散热器盖，旋松排放塞，排尽散热器和储液箱中的冷却液 | |
| 加注新冷却液 | | 加注新的防冻液/冷却液至散热器入口顶部和储液箱的 MAX 位置 | |

续表

| 名称 | 检查演示 | 讲解 | 说明 |
|---|---|---|---|
| 检查 | | 发动机热车后(散热器风扇转动2次以上),检查是否需要添加冷却液 | |
| 整理作业工位 | | (1)收回前格栅布,关闭发动机舱盖。<br>(2)对垃圾进行分类。<br>(3)清洁、整理工具车和工作台。<br>(4)清洁车辆和场地 | |

## 三、任务评价

填写表4.19任务评价表。

表4.19 任务评价表

| 任务 | 评价内容 | 评价等级 | | |
|---|---|---|---|---|
| 任务 | 综合能力测评:<br>1. 请在对应条目的○内打"√"或"×",不能确定的条目不填,可以在小组评价时让本组同学讨论并写出结论。<br>2. 评价结果全对得 😎,错一项得 🙂,错两项或以上得 ☹ | 😎 | 🙂 | ☹ |
| 综合能力测评任务 | ○按时到场　○工装齐备　○书、本、笔齐全 | | | |
| | ○安全操作　○责任心强　○7S管理规范 | | | |
| | ○学习积极主动　○合理使用教学资源　○主动帮助他人 | | | |
| | ○接受工作分配　○有效沟通　○高效完成工作任务 | | | |

续表

| 任务 | 评价内容 | | 评价等级 | | |
|---|---|---|---|---|---|
| | 综合能力测评： 1. 请在对应条目的○内打"√"或"×"，不能确定的条目不填，可以在小组评价时让本组同学讨论并写出结论。 2. 评价结果全对得 ☺，错一项得 ☺，错两项或以上得 ☹ | | ☺ | ☺ | ☹ |
| 专业能力测评任务 | 保养流程 | | | | |
| | 完工检验 | | | | |
| 小组评语及建议 | 他（她）做到了： 他（她）的不足： 给他（她）的建议： | | 组长签名： 年 月 日 | | |
| 教师评语及建议 | | | 评价等级： 教师签名： 年 月 日 | | |

## 练习题

1. 冷却液是如何进行分类的？
2. 冷却液的选用原则是什么？

# 项目五

## 汽车 80 000 km 维护作业

班级：_____  姓名：_____  学号：_____  工号：_____  日期：_____  测评等级：_____

| 工作任务 | 汽车 80 000 km 维护作业 | 教学模式 | 任务驱动 |
|---|---|---|---|
| 建议学时 | 12 | 教学地点 | 一体化实训室 |
| 任务描述 | 现有一辆丰田卡罗拉轿车已经行驶 80 130km，需要进行维护保养，都需要做哪些项目 | | |
| 学习目标 | 1. 能够掌握制动片的检查与更换。<br>2. 能够掌握变速器油的更换。<br>3. 能够掌握轮胎的检查与更换。<br>4. 能够掌握轮胎的动平衡和四轮定位 | | |

学习准备

1. 设备器材：每组配套新车4辆、世达工具箱4套、胎压表4个、维修手册4份。
2. 分成 7 个小组。

### 小组人员岗位分配表（由组长分配）

| 工作岗位 | 时段一<br>___年___月___日<br>___时___分至___时___分 | 时段二<br>___年___月___日<br>___时___分至___时___分 |
|---|---|---|
| 主修人员（1人） | | |
| 辅修人员（1人） | | |
| 工具管理（1人） | | |
| 零件摆放（1人） | | |
| 安全监督（1人） | | |
| 质量检验（1人） | | |
| 7S 监督（2~4人） | | |

续表

| 工作任务 | 汽车 80 000 km 维护作业 | | 教学模式 | 任务驱动 |
|---|---|---|---|---|
| 建议学时 | 8 | | 教学地点 | 一体化实训室 |
| 车辆基本信息 | 车辆型号 | | 生产厂家 | |
| | 车架号 | | 发动机型号 | |
| | 车身底盘号 | | 燃料 | |
| | 出厂时间 | | 购车日期 | |

## ✱ 学习任务 1  制动片的检查与更换

### 一、计划与准备

1. 制动片的检查与更换

（1）制动片的检查

1）制动系统都是由制动片（盘式）或制动蹄片（鼓式）完成制动作用的，因此要定期检查制动片或制动蹄片的厚度。当发现其厚度接近或小于制造商规定的最小厚度时，应立即更换。检查制动片的同时，还要检查制动盘或制动鼓的磨损，如接触表面出现凹痕，要及时修光制动盘或制动鼓，以保证其与制动片的接触面积，提高制动力。

2）正常行驶条件下，每行驶 5 000km 应对制动片检查一次，不仅要检查剩余的厚度，还要检查制动片磨损的状态，如两边磨损的程度是否一样、回位是否自如等，若发现不正常情况，则必须立即处理。

（2）制动片的更换

1）制动片一般由铁衬板和摩擦材料两部分组成，一个新的制动片厚度一般在 1.5cm 左右，随着使用中的不断摩擦，厚度会逐渐变薄。专业的技术人员建议，当肉眼观察制动片厚度仅剩原先厚度的 1/3（约 0.5cm）左右时，车主就要增加自检频率，随时准备更换制动片。例如卡罗拉的前制动片，新片的厚度为 15mm，而更换的极限厚度是 7mm，其中包括 3mm 多的铁衬板厚度和近 4mm 的摩擦材料厚度。一些车辆带有制动片报警功能，一旦达到了磨损极限，仪表会报警提示更换制动片。达到了使用极限的制动片必须更换，即使尚能使用一段时间，也会降低制动效果，影响行车安全。

2）更换时要换原厂备件提供的制动片，只有这样才能使制动片和制动盘之间的制动效果最好、磨损最小。

3）更换制动片时必须使用专用工具将制动分泵顶回，不能用其他撬棍硬压回，这样易导致制动钳导向螺丝弯曲，使制动片卡死。

4）更换完后，一定要踩几脚刹车，以消除制动片与制动盘的间隙（否则可能造成第一脚没刹车，易出现事故）。

5）制动片更换后，需磨合 200km 方能达到最佳的制动效果，刚换制动片时须谨慎行驶。

2. 制动片检查与更换现场设备、工具等准备（见表5.1）

表 5.1　制动片检查与更换现场设备、工具等准备

| 名称 | 准备演示 | 讲解 | 说明 |
|---|---|---|---|
| 游标卡尺 | | 测量制动片的厚度 | |
| 世达工具 | | 对螺栓、线路进行检测，发现有松动应及时安装好 | |
| 扭力扳手 | | 扭紧螺塞 | |
| 维修手册（卡罗拉维修手册） | | 当出现问题时应及时查阅维修手册 | |

## 二、任务实施

制动片的检查与更换操作见表5.2（以卡罗拉汽车为例）。

表5.2　制动片的检查与更换操作（以卡罗拉汽车为例）

| 名称 | 检查演示 | 讲解 | 说明 |
|---|---|---|---|
| 拆卸车轮螺栓 | | 在车辆举升前用19mm套筒和扭力扳手或轮胎螺栓专用套筒预松车轮固定螺栓 | |
| 拆卸前车轮 | | 在确保车辆固定无误的条件下举升车辆，举升至合适高度后停止，举升机保险落锁 | |
| 拆卸制动卡钳 | | 用13mm梅花扳手拧下制动卡钳滑销螺栓 | |

续表

| 名称 | 检查演示 | 讲解 | 说明 |
|---|---|---|---|
| 拆卸钳壳体 | | 用一字改锥推开制动钳体壳 | |
| 拆卸制动摩擦片 | | 向上翻开制动卡钳（制动钳体需用挂钩挂好） | |
| 清整摩擦片 | | 用干净的抹布清洁制动摩擦片表面 | |

续表

| 名称 | 检查演示 | 讲解 | 说明 |
|---|---|---|---|
| 检查摩擦片异常 | | 检查两片制动摩擦片有无异常磨损 | |
| 检查摩擦片厚度 | | 用游标卡尺分别在两边和中间三个位置测量制动摩擦片的厚度,厚度不符合要求需更换新件 | |
| 检查制动轮缸活塞 | 制动轮缸活塞<br>制动油管接头 | 检查制动轮缸活塞处(制动钳体需用挂钩挂好)是否漏油,制动油管接头、制动软管接头是否有渗漏 | |
| 检查制动盘 | | 检查制动盘的磨损情况。<br>提示:制动器装配好之前不能踩制动踏板 | |

续表

| 名称 | 检查演示 | 讲解 | 说明 |
|---|---|---|---|
| 安装制动摩擦片 | | 安装新制动摩擦片 | |
| 安装制动轮缸活塞 | | 用制动轮缸活塞压缩钳把制动轮缸活塞压进去 | |
| 安装制动卡钳 | | 把制动卡钳翻回来 | |
| 安装制动卡钳螺栓 | | 旋入制动卡钳滑销螺栓（必须涂防松胶），并用 27N·m 的力矩拧紧 | |

续表

| 名称 | 检查演示 | 讲解 | 说明 |
|---|---|---|---|
| 安装车轮并清理现场 | | （1）安装车轮，旋入车轮固定螺栓。<br>（2）车辆降至地面，拧紧车轮固定螺栓，拧紧力矩为90N·m。<br>（3）踏动制动踏板多次，使制动摩擦片与制动盘之间恢复间隙。<br>（4）清理工具、量具，收回防护五件套，现场清洁 | |

## 三、任务评价

填写表5.3所示的任务评价表。

表5.3 任务评价表

| | 评价内容 | 评价等级 | | |
|---|---|---|---|---|
| 任务 | 综合能力测评：<br>1. 请在对应条目的○内打"√"或"×"，不能确定的条目不填，可以在小组评价时让本组同学讨论并写出结论。<br>2. 评价结果全对得😎，错一项得🙂，错两项或以上得☹ | 😎 | 🙂 | ☹ |
| 综合能力测评任务 | ○按时到场　○工装齐备　○书、本、笔齐全<br>○安全操作　○责任心强　○7S管理规范<br>○学习积极主动　○合理使用教学资源　○主动帮助他人<br>○接受工作分配　○有效沟通　○高效完成工作任务 | | | |
| 专业能力测评任务 | 保养流程 | | | |
| | 完工检验 | | | |
| 小组评语及建议 | 他（她）做到了：<br>他（她）的不足：<br>给他（她）的建议： | 组长签名：<br><br>　　年　月　日 | | |
| 教师评语及建议 | | 评价等级：<br><br>教师签名：<br><br>　　年　月　日 | | |

## 学习任务 2　变速器油的更换

### 一、计划与准备

1. 自动变速器油的作用

自动变速器油（Automatic Transmission Fluid）简称 ATF，是指专用于自动变速器的油液。汽车自动变速器维护的主要内容就是对 ATF 的检查和更换。ATF 的作用是通过液力变矩器将发动机动力传递给变速器。在自动变速器中，ATF 主要有下列作用：

1）通过电控、液控系统传递压力和运动，完成对各换挡原件的操纵。
2）冷却：将变速器中的热量带出，传递给冷却介质。
3）润滑：对行星齿轮机构和摩擦副强制润滑。
4）清洁运动零件并起密封作用。

2. ATF 的特性

由于 ATF 工作特点的不同，故其在性能上有别于其他油液，主要有以下特性：

1）较高的黏温性。
2）较高的氧化安定性。
3）防腐防锈性。
4）良好的抗泡沫性。
5）抗磨性。
6）剪切稳定性。

用于自动变速器的油液应通过严格的台架试验和道路试验，且具备上述的各种性能，各个国家对 ATF 均有严格的规定。目前，应用广泛的 ATF 有 DEXRON、DEXRON Ⅱ 和 DEXRON Ⅲ 型，主要应用于美国通用、克莱斯勒及日本和德国的大部分车型上。福特汽车公司使用的是 F 型，我国国产轿车使用的 ATF 主要是 8 号液力传动油。

3. ATF 的检查

在进行自动变速器维护时，对 ATF 的检查是极其重要的，主要包括油质检查、油量检查和漏油检查。

（1）油质检查

检查油液的颜色、气味并观察油液中是否有杂质，确认 ATF 是否过热变质。

（2）油量检查

自动变速器中油面的高低对变速器的性能影响很大。若油面过高，旋转机件剧烈旋转时会搅动油液并产生气泡，气泡混入 ATF 内会降低液压回路的油压，影响控制阀的正常工作。同时，还会引起离合器、制动器打滑，加剧磨损。若油面过低，油泵吸入空气或油液中渗入空气，同样会导致前述类似的问题。另外油面过低还会使润滑冷却条件变差，加速 ATF 的氧化变质。一般加入自动变速器中的油量，应保证在液力变矩器及各操纵油缸充满以后，变速器中油面高度低于行星齿轮等旋转件的最低点而高于阀体与变速器壳体的接合面。

在自动变速器中，ATF 液面的高低与油液的温度和变速器的工作状况有关。温度升高，油面也升高，当自动变速器正常运转时，ATF 充注在变矩器和各油缸油道内，液面下降，熄火后，油面会升高。因此，油面高度的检查是在规定的条件下进行的。不同厂家其具体检查方法各不相同，应按维修手册进行。

下面以丰田卡罗拉为例进行说明。

驾驶车辆，使发动机和自动变速器处于正常工作温度下，油液温度70℃~80℃。

1）将车辆停放在水平地面上，驻车。

2）在发动机怠速且制动踏板踩下的情况下，将换挡杆从 P 位换到 L 位的所有位置，然后回到 P 位。

3）拉出机油尺，并将其擦干净。

4）将机油尺推回油管中。

5）再次拉出机油尺，并检查液位是否在"HOT"范围内，如果液位低于"HOT"范围，则加注新油并重新检查液位；如果液位超过"HOT"范围，则排放一次，添加适量的新油并重新检查液位。

4. 现场设备、工具等准备（见表5.4）

表5.4 变速器油更换现场设备、工具等准备

| 名称 | 准备演示 | 讲解 | 说明 |
|---|---|---|---|
| 注油机 | | 加注自动变速器油 | |
| 自动变速器油 | | 丰田自动变速器油 | |

续表

| 名称 | 准备演示 | 讲解 | 说明 |
|---|---|---|---|
| 防护磁裙 |  | 维修工操作时起防护作用 | |

## 二、任务实施

变速器油的更换操作（以卡罗拉汽车为例）见表 5.5。

表 5.5 变速器油的更换操作

| 操作步骤 | 准备演示 | 讲解 | 说明 |
|---|---|---|---|
| 拆汽车底板 | 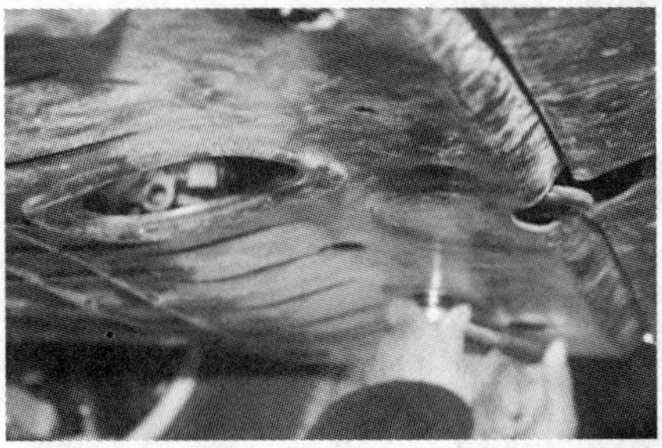 | 拆汽车底板 | |
| 拆自动变速器放油螺栓 |  | 取下放油孔塞，放出 ATF，更换新衬垫后装回并拧紧自动变速器放油螺栓 | |
| | 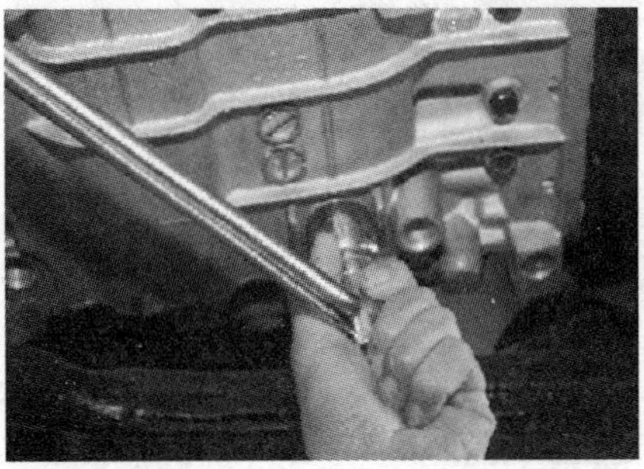 | 拆自动变速器放油螺栓 | |

续表

| 操作步骤 | 准备演示 | 讲解 | 说明 |
|---|---|---|---|
| 泄油 | | 放自动变速器油 | |
| 注油 | | 丰田原厂自动变速器油规格为 ATFWS，容量为 2.9 L | |
| 起动发动机，将换挡杆调整到各个挡位，然后再加油至规定值 | | 起动发动机，在发动机怠速运转的情况下移动选挡杆经所有的挡位后回到 P 挡位，然后再加油至规定值 | |
| | | 挂入 R 挡 | |
| | | 挂入 N 挡 | |

续表

| 操作步骤 | 准备演示 | 讲解 | 说明 |
|---|---|---|---|
| 起动发动机，将换挡杆调整到各个挡位，然后再加入至规定值 | | 挂入 D 挡 | |
| 安装螺栓到规定力矩 | | 装上放油螺塞，放油螺塞扭矩 49N·m，安装新衬垫 | |
| 检查变速器油液面高度，并检查其是否渗漏 | | 检查自动变速器液位，应在"HOT"范围内，起动发动机，检查自动变速器油液是否渗漏 | |
| 安装护板，整理工位 | | 装汽车底板，整理工位 | |

### 三、任务评价

填写表 5.6 所示的任务评价表。

表 5.6 任务评价表

| 任务 | 评价内容 | 评价等级 | | |
|---|---|---|---|---|
| 任务 | 综合能力测评：<br>1. 请在对应条目的○内打"√"或"×"，不能确定的条目不填，可以在小组评价时让本组同学讨论并写出结论。<br>2. 评价结果全对得 ☺，错一项得 ☺，错两项或以上得 ☹ | ☺ | ☺ | ☹ |
| 综合能力测评任务 | ○按时到场  ○工装齐备  ○书、本、笔齐全 | | | |
| | ○安全操作  ○责任心强  ○7S 管理规范 | | | |
| | ○学习积极主动  ○合理使用教学资源  ○主动帮助他人 | | | |
| | ○接受工作分配  ○有效沟通  ○高效完成工作任务 | | | |
| 专业能力测评任务 | 检查流程 | | | |
| | 完工检验 | | | |
| 小组评语及建议 | 他（她）做到了：<br><br>他（她）的不足：<br><br>给他（她）的建议： | 组长签名：<br><br><br>年  月  日 | | |
| 教师评语及建议 | | 评价等级：<br><br>教师签名：<br><br>年  月  日 | | |

### 🎡 学习任务 3　轮胎的检查与更换

### 一、计划与准备

1. 影响轮胎使用寿命的主要因素

1）轮胎安装正确与否。

2）轮胎气压过低或过高。
3）车载负荷越大，轮胎的寿命越短。
4）车辆行驶的路况及车主的驾驶习惯。
5）车辆的定期检查维护有助于延长轮胎使用寿命

2. 轮胎的质量要求
1）具有高负荷承载能力及很好的缓冲性能。
2）具有较大牵引力及很好的制动能力。
3）具有良好的转弯及方向稳定性能。
4）具有高耐磨性及耐久性。
5）具有较小的滚动阻力。

3. 及时更换的必要性
轮胎花纹磨损到使用极限（花纹深度为 1.6 mm）时必须更换轮胎：磨损到使用极限时，轮胎与地面的附着力下降，摩擦力变小，会出现行驶中打滑的现象，特别会影响制动效果，在高速行驶中极易爆胎，且在冰雪路面制动时易发生跑偏，所有这些都严重威胁着行车安全。轮胎是车辆唯一与地面直接接触的备件，对行车安全有着至关重要的作用。

4. 现场设备、工具等准备（见表5.7）
扭力扳手、抹布、注油机、自动变速器油、油盆、护垫、方向盘套、脚垫、变速器操纵杆套、世达工具一套。

表 5.7  轮胎检查与更换现场设备、工具等准备

| 名称 | 准备演示 | 讲解 | 说明 |
|---|---|---|---|
| 轮胎深度规 | | 测量轮胎的胎面深度 | |
| 胎压表 | | 测量轮胎的胎压 | |
| 十字扳手 | | 拆卸、安装轮胎时使用 | |

续表

| 名称 | 准备演示 | 讲解 | 说明 |
|---|---|---|---|
| 气动扳手 | 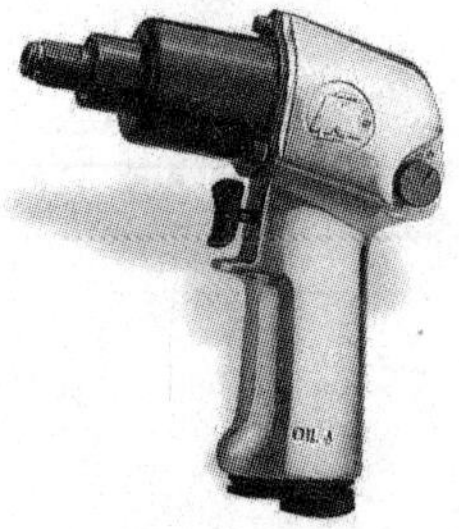 | 拆卸轮胎时使用 | |
| 扒胎机 | 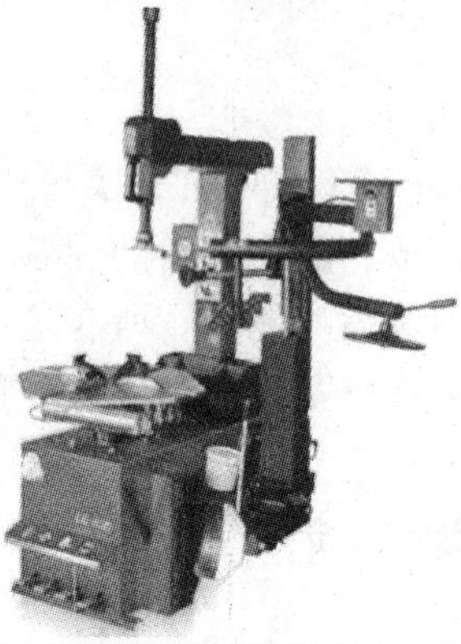 | 拆卸轮胎时使用 | |

## 二、任务实施

1. 轮胎的检查操作（见表5.8）

表5.8　轮胎的检查操作

| 名称 | 准备演示 | 讲解 | 说明 |
|---|---|---|---|
| 裂纹或者损坏 |  | 检查轮胎胎面和胎壁是否有裂纹、割痕或者其他损坏 | |
| 嵌入金属微粒或者外物 |  | 检查轮胎的胎面和胎壁是否嵌入任何金属微粒、石子或者其他异物 | |

续表

| 名称 | 准备演示 | 讲解 | 说明 |
|---|---|---|---|
| 胎面深度 | 1.6 mm (0.063 mm) | 使用一个轮胎深度规测量轮胎的胎面深度 | |
| 异常磨损 | | （1）中间磨损 | 异常磨损：检查轮胎的整个外围是否有不均匀磨损和阶段磨损 |
| | | （2）双肩磨损 | |
| | | （3）单边磨损 | |
| 检查轮胎气压 | | 检查轮胎气压，标准气压是应在2.2 bar左右 | |

续表

| 名称 | 准备演示 | 讲解 | 说明 |
|---|---|---|---|
| 漏气检查 | | 检查气压后，通过在气门周围涂肥皂水检查是否漏气 | |
| 轮圈和轮盘损坏 | | 检查轮圈和轮盘是否有损坏、腐蚀、变形和跳动 | |

2. 轮胎的更换操作（见表5.9）

表5.9　轮胎的更换操作

| 名称 | 准备演示 | 讲解 | 说明 |
|---|---|---|---|
| 移车 | | 将车辆移至地面平坦的施工区，预留足够施工空间，熄火停车后拉起手刹，方向摆正 | |
| 确定架车点 | | 保证施工安全，对车辆不造成损伤 | |
| 松动螺栓 | | 用十字扳手按斜对角顺序依次拧松，注意均匀用力，松动即可 | |

续表

| 名称 | 准备演示 | 讲解 | 说明 |
|---|---|---|---|
| 顶车 | | 将车辆缓慢顶起，车轮离地即可 | |
| 拆卸螺栓 | | 用十字扳手按斜对角顺序依次拆卸螺栓，并将螺栓放入收件盒 | |
| 取下轮胎 | | 双手托住轮胎，保持轮胎直立状态取下，注意不要擦碰到车身，尽量少摩擦螺杆，然后将轮胎滚到换胎区 | |
| 拆下气门帽、气门芯 | | 注意拆下气门芯时，由于气流很大，故一定要拿稳，防止气门芯被吹跑。气门帽、气门芯拆下后应放置好 | |
| 拆卸旧轮胎 | | 拆卸旧轮胎：<br>（1）用轮胎铲时注意不要接触到轮毂。<br>（2）鹰嘴悬空不能接触到轮毂。<br>（3）注意用润滑液润滑，以防止胎唇破损。<br>（4）拆胎后用湿毛巾清洁杂物，有必要的话用砂纸打磨钢圈边缘处 | |

续表

| 名称 | 准备演示 | 讲解 | 说明 |
| --- | --- | --- | --- |
| 更换气门嘴 | | 注意用力不能过猛,并适当润滑 | |
| 安装新胎 | | (1) 撕掉标签。<br>(2) 注意轮胎的正反面,且气门嘴对应轮胎上的标识位置。<br>(3) 注意润滑 | |
| 检查密闭性 | | 用润滑液检查气门嘴、轮圈周边是否有漏气现象。用气枪将水吹净,装上气门帽 | |
| 动平衡 | | 动平衡前要仔细检查轮胎上是否有石子等杂物,若有应及时取出 | |
| 装胎上车 | | (1) 双手托住轮胎对准螺杆,用脚顶住,用手套准螺栓。<br>(2) 用十字扳手以斜对角依次将螺栓固定。<br>(3) 缓慢收起千斤顶,注意车下是否有物件。<br>(4) 最后用扭力扳手将轮胎螺栓加固,扭力为 $150 \sim 200 \mathrm{~N \cdot m}$ | |

续表

| 名称 | 准备演示 | 讲解 | 说明 |
|---|---|---|---|
| 复检交车 | | （1）检查轮胎胎压。<br>（2）工具整理归位 | |

## 三、任务评价

填写表 5.10 所示任务评价表。

表 5.10　任务评价表

| | 评价内容 | 评价等级 | | |
|---|---|---|---|---|
| 任务 | 综合能力测评：<br>1. 请在对应条目的○内打"√"或"×"，不能确定的条目不填，可以在小组评价时让本组同学讨论并写出结论。<br>2. 评价结果全对得😎，错一项得🙂，错两项或以上得☹ | 😎 | 🙂 | ☹ |
| 综合能力测评任务 | ○按时到场　○工装齐备　○书、本、笔齐全<br>○安全操作　○责任心强　○7S管理规范<br>○学习积极主动　○合理使用教学资源　○主动帮助他人<br>○接受工作分配　○有效沟通　○高效完成工作任务 | | | |
| 专业能力测评任务 | 检查流程 | | | |
| | 完工检验 | | | |
| 小组评语及建议 | 他（她）做到了：<br><br>他（她）的不足：<br><br>给他（她）的建议： | 组长签名：<br><br><br>年　月　日 | | |
| 教师评语及建议 | | 评价等级：<br><br>教师签名：<br><br>年　月　日 | | |

## 学习任务4　车辆的四轮定位和动平衡

### 一、计划与准备

1. 车辆的四轮定位

（1）四轮定位的定义

四轮定位是指以车辆的四轮参数为依据，通过调整以确保车辆具有良好的行驶性能及一定的可靠性。轿车的转向车轮、转向节和前轴三者之间的安装具有一定的相对位置，这种具有一定相对位置的安装叫作转向车轮定位，也称前轮定位。前轮定位包括主销后倾（角）、主销内倾（角）、前轮外倾（角）和前轮前束四方面的内容。这是对两个转向前轮而言的，对两个后轮来说也同样存在与后轴之间安装的相对位置，称后轮定位。后轮定位包括车轮外倾（角）和逐个后轮前束。前轮定位和后轮定位总称四轮定位。

（2）四轮定位的种类

四轮定位仪有前束尺和光学水准定位仪、拉线定位仪、CCD定位仪、激光定位仪、电脑动态四轮定位仪（地磅式）及3D影像定位仪等几种。其中地磅式电脑动态四轮定位仪是目前市场上最先进、应用最广泛的一种。

（3）四轮定位的作用

四轮定位是汽车维修保养必需的工作内容之一。当车辆使用很长时间后，用户发现方向转向沉重、发抖、跑偏、不正、不归位或者轮胎出现单边磨损、波状磨损、块状磨损、偏磨等不正常磨损，以及用户驾驶时出现车感飘浮、颠簸、摇摆等现象时，应该检查一下车轮定位值，看看是否偏差太多，并及时进行修理。四轮定位的作用如下：

1）增强驾驶舒适感。

2）减少汽油燃烧消耗。

3）减少轮胎磨损，增加轮胎使用寿命。

4）保持直行时转向盘正直，保证车辆直行的稳定性。

5）降低底盘悬挂配件的磨损。

6）增强行驶安全。

2. 动平衡

（1）动平衡定义

汽车的车轮是由轮胎、轮毂组成的一个整体，但由于制造上的原因，使这个整体各部分的质量分布不可能非常均匀。当汽车车轮高速旋转起来后，就会形成动不平衡状态，造成在行驶中车辆车轮抖动、方向盘振动的现象。为了避免这种现象或是消除已经发生的这种现象，就要在动态情况下通过增加配重的方法校正车轮各边缘部分的平衡。这个校正的过程就是人们常说的动平衡。

动平衡对汽车高速行驶的稳定性起着非常重要的作用，因为其能让车轮在高速旋转时将自身的振动减小到最低。在车辆出厂装配时，都会做动平衡测试，以保证车轮在高速行驶时更平稳。

（2）车辆需做动平衡的情况

1）更换新胎或发生碰撞事故维修后。

2）前、后轮胎单侧偏磨。

3）驾驶时方向盘过重或飘浮发抖。

4）直行时汽车向左或向右跑偏。

5）虽无以上状况，但出于维护目的，建议新车在驾驶3个月以后，每半年或10 000 km做一次。

3. 现场设备、工具等准备（见表5.11）

世达工具一套、钳子、螺丝刀、气动扳手、拉杆球头拆装器、外倾角校正器、各种型号的调整垫片和调整螺栓、四轮定位仪和离车式车轮平衡机。

表5.11 四轮定位和动平衡现场设备、工具等准备

| 名称 | 准备演示 | 讲解 | 说明 |
| --- | --- | --- | --- |
| 四轮定位仪 |  | 四轮定位时使用的仪器 |  |
| 外倾角校正器 |  | 用于配合四轮定位仪，无须拆卸避振器，用于进行外倾角度的校正 |  |
| 拉杆球头拆装器 |  | 用于汽车转向机中直拉杆球头的拆装 |  |
| 离车式车轮平衡机 |  | 做轮胎动平衡时使用的仪器 |  |

## 二、任务实施

1. 车辆的四轮定位操作（见表5.12）

表5.12　车辆的四轮定位操作

| 名称 | 准备演示 | 讲解 | 说明 |
|---|---|---|---|
| 移车至四轮定位仪 |  | 将车辆开到四轮定位举升机上，并使前轮正好置于转盘上，以便后续转动车轮进行轮毂补偿步骤的操作 | |
| 安装定位传感器 |  | 在轮毂上安装定位传感器卡具、定位传感器及传感器保护锁，调整卡具方向位置并保持与定位仪主机保持数据的联通 | |
| 利用电脑查询车型 |  | 四轮定位仪有前束尺和光学水准定位仪、拉线定位仪、CCD定位仪、激光定位仪和3D影像定位仪等几种，其测量方式先进，测量时间较短，测量技术比较成熟 | |
| 调整四轮定位参数 |  | 调整四轮定位参数时，维修师傅会根据四轮定位仪显示屏上的数据调整前束臂螺纹以及倾角臂偏心螺母。四轮定位调整务求把数据调整到标准值之内，然后根据实际试车情况再做适应性调整（左图为维修师傅调整后轮前束的情况） | |

续表

| 名称 | 准备演示 | 讲解 | 说明 |
|---|---|---|---|
| 调整四轮定位参数 |  | | |
| 完成后拆卸定位传感器 |  | 工序完成，拆卸定位设备 | |
| 完工 |  | 整理工位，进行7S | |

2. 动平衡的操作（见表5.13）

表5.13 动平衡的操作

| 名称 | 准备演示 | 讲解 | 说明 |
|---|---|---|---|
| 拆卸轮胎 |  | 将需要做动平衡的车轮卸下 | |

续表

| 名称 | 准备演示 | 讲解 | 说明 |
|---|---|---|---|
| 将轮胎安装在动平衡机上 | | 将轮毂安置在动平衡机上,测量轮毂规格。根据胎侧信息及目测,判断轮毂规格 | |
| 检测动平衡 | | 进行四轮动平衡检测 | |
| 根据检测增加铅块 | | 加减铅块调整数据。当检测停止后,电脑会测量出轮辋内、外需要增加的铅块重量,先装外侧,转动轮胎,根据提示把铅块装好。铅块加好后,继续测试,直到动平衡机上两个数值一致,则说明该车轮不需要再加装铅块了 | |
| 完工 | | 将操作好的轮胎安装回客户的车上,仔细检查并拧紧螺母 | |

## 三、任务评价表

填写表 5.14 所示的任务评价表。

表 5.14 任务评价表

| | 评价内容 | 评价等级 | | |
|---|---|---|---|---|
| 任务 | 综合能力测评：<br>1. 请在对应条目的○内打"√"或"×"，不能确定的条目不填，可以在小组评价时让本组同学讨论并写出结论。<br>2. 评价结果全对得😎，错一项得🙂，错两项或以上得☹ | 😎 | 🙂 | ☹ |
| 综合能力测评任务 | ○按时到场　○工装齐备　○书、本、笔齐全 | | | |
| | ○安全操作　○责任心强　○7S 管理规范 | | | |
| | ○学习积极主动　○合理使用教学资源　○主动帮助他人 | | | |
| | ○接受工作分配　○有效沟通　○高效完成工作任务 | | | |
| 专业能力测评任务 | 检查流程 | | | |
| | 完工检验 | | | |
| 小组评语及建议 | 他（她）做到了：<br><br>他（她）的不足：<br><br>给他（她）的建议： | 组长签名：<br><br><br>　年　月　日 | | |
| 教师评语及建议 | | 评价等级：<br><br>教师签名：<br><br>　年　月　日 | | |

# 附 录

## 附录1　安全操作注意事项

### 一、个人安全

（一）眼睛的防护

在汽车维修企业中，眼睛经常会受到各种伤害，如由飞来的物体、具有腐蚀性的化学飞溅物、有毒的气体或烟雾造成的伤害等，但这些伤害几乎都是可以防护的。

常见的保护眼睛的装备是护目镜和面罩。护目镜可以防护各种对眼睛的伤害，如飞来物体或飞溅的液体给眼睛带来的伤害。在下列情况下，应考虑佩戴护目镜：进行金属切削加工、用錾子或冲子铲剔、使用压缩空气、使用清洗剂等。面罩不仅能够保护眼睛，还能保护整个面部。如果进行电弧焊或气焊，要使用带有色镜片的护目镜或带有深色镜片的特殊面罩，以防止有害光线或过强的光线伤害眼睛。

注意：在摘下护目镜时要闭上眼睛，以防止粘在护目镜外的金属颗粒掉进眼睛。

（二）听觉的保护

汽车修理厂是个噪声很大的场所，各种设备如冲击扳手、空气压缩机、砂轮机、发动机等的噪声都很大，短时的高噪声会导致人出现暂时性听力丧失，持续的较低噪声则更有害。

常见的听力保护装备有耳罩和耳塞，噪声极高时可两者同时佩戴。一般在钣金车间必须佩戴耳罩或耳塞。

（三）手的保护

手是身体经常受伤的部位之一，保护手要从两方面考虑：一是不要把手伸到危险区域，如发动机前部转动的传动带区域、发动机排气管道附近等；二是必要时应戴上防护手套。不同的场合需用不同的防护手套，如金属加工用劳保安全手套、接触化学品用橡胶手套等。

（四）衣服、头发及饰物

宽松的衣服、长袖子、领带等容易卷进旋转的机器中，所以在修理厂中，首先一定要穿合体的工作服，最好是连体工作服，外套、工装裤也可以。如果戴领带则要把它塞到衬衫里。

工作时不要戴手表或其他饰物，特别是金属饰物，因为在进行电气维修时其可能会导入电流而烧伤皮肤，或导致电路短路而损坏电子元件或设备。

在工厂内要穿劳保鞋，以保护脚面不被落下的重物砸伤，且劳保鞋的鞋底是防油、防滑的。

长发很容易被卷入运转的机器中,所以长发一定要扎起来,并戴上帽子。

## 二、工具和设备安全使用

### (一) 手动工具的安全使用

手动工具看起来是安全的,但使用不当也会导致事故,如用一字旋具代替撬棍,会导致旋具崩裂、损坏,飞溅物会打伤自己或他人;扳手从油腻的手中滑落,掉到旋转的设备上而飞出伤人,等等。

另外,使用带锐边的工具时,锐边不要对着自己和工作同事,且传递工具时要将手柄朝向对方。

### (二) 动力工具的安全使用

所有的电气设备都要使用三相插座,地线要安全接地,电缆应及时维护;所有旋转的设备都应有安全罩,以免部件飞出伤人。

在进行电子系统维修时,应断开电路的电源,方法是断开蓄电池的负极搭铁线,这不仅可以保护人身安全,还能防止对电器造成损坏。

许多维修工序需要将车辆升离地面,在升起车辆前应确保汽车已被正确支撑,并应使用安全锁,以免汽车落下。用千斤顶支起汽车时应当确保千斤顶支撑在汽车底盘大梁部分或较结实的部分。

注意:升起汽车时要先看维修手册,找到正确的支撑点。错误的支撑点不仅危险,而且会破坏汽车的结构。

工具和设备都要定期进行检查和保养。

### (三) 压缩空气的安全使用

使用压缩空气时,应非常小心,不要玩弄,不要将压缩空气对着自己或别人,不要对着地面或设备、车辆乱吹。压缩空气吹向耳朵会撕裂耳鼓膜,造成失聪;会损伤肺部或伤及皮肤;被压缩空气吹起的尘土或金属颗粒会造成皮肤、眼睛损伤。

## 三、日常安全守则

(1) 工具不使用时应保持干净并放到正确的位置。

(2) 各种设备和工具要及时进行检查和保养。

(3) 手上应避免油污,以免工具滑脱。

(4) 起动发动机的车辆应保证驻车制动正常。

(5) 不要在车间内乱转。

(6) 在车间内起动发动机要保持良好通风。

(7) 在车间内穿戴、着装要合适,并佩戴必要的安全防护装备,如手套、护目镜、耳塞等。

(8) 不要将压缩空气对着人或设备吹。

(9) 尖锐的工具不要放到口袋里,以免扎伤自己或划伤车辆。

(10) 常用通道上不要放工具、设备、车辆等。

(11) 用正确的方法使用正确的工具。

(12) 手、衣服、工具应远离旋转设备或部件。

（13）开车进出车间时要格外小心。

（14）在极度疲劳或消沉时不要工作。在这种情况下会降低注意力，有可能导致自身或他人的伤害。

（15）如果不知道车间设备如何使用，应先向有经验的人请教，以得到正确、安全的使用方法。

（16）用举升器或千斤顶升起车辆时，一定要按正确的规程操作。

（17）应知道车间灭火器、医疗急救包和洗眼处的位置。

## 附录2　一汽丰田卡罗拉车型保养周期

| 配件<br>里程/km | 机油 | 机油滤芯 | 空气滤芯 | 燃油滤芯 | 空调滤芯 | 制动液 | 变速箱油 | 转向助力油 | 火花塞 |
|---|---|---|---|---|---|---|---|---|---|
| 一汽丰田卡罗拉车型官方保养周期计划表 ||||||||||
| 5 000 | ● | – | – | – | – | – | – | | – |
| 10 000 | ● | ● | – | – | – | ○ | – | | – |
| 15 000 | ● | – | – | – | – | – | – | | – |
| 20 000 | ● | ● | ○ | – | ● | ○ | – | | – |
| 25 000 | ● | – | – | – | – | – | – | | – |
| 30 000 | ● | ● | – | – | – | ○ | – | | – |
| 35 000 | ● | – | – | – | – | – | – | | – |
| 40 000 | ● | ● | ● | – | ● | ● | ○ | | – |
| 45 000 | ● | – | – | – | – | – | – | | – |
| 50 000 | ● | ● | – | – | – | ○ | – | 电子助力免维护 | – |
| 55 000 | ● | – | – | – | – | – | – | | – |
| 60 000 | ● | ● | ○ | – | ● | ○ | – | | – |
| 65 000 | ● | – | – | – | – | – | – | | – |
| 70 000 | ● | ● | – | – | – | ○ | – | | – |
| 75 000 | ● | – | – | – | – | – | – | | – |
| 80 000 | ● | ● | ● | ● | ● | ● | ○ | | – |
| 85 000 | ● | – | – | – | – | – | – | | – |
| 90 000 | ● | ● | – | – | – | ○ | – | | – |
| 95 000 | ● | – | – | – | – | – | – | | – |
| 100 000 | ● | ● | ○ | – | ● | ○ | – | | ● |
| 整车质保期为三年或10万公里（以先到者为准） ||||||||||
| 备注：每10万公里需更换火花塞，每4万公里建议更换制动液 ||||||||||
| 注：●：需要更换　　○：检查　　–：无须更换 ||||||||||

## 附录3　2014款速腾车型官方保养周期（1.6L车型）

| 2014款速腾车型官方保养周期（1.6L车型） ||||||||||
|---|---|---|---|---|---|---|---|---|---|
| 配件<br>里程/km | 机油 | 机油滤芯 | 空气滤芯 | 汽油滤芯 | 空调滤芯 | 刹车油 | 变速箱油 | 防冻液 | 火花塞 |
| 7 500 | ● | ● | - | - | - | 每2年更换一次 | - | - | - |
| 15 000 | ● | ● | - | - | - | ^ | - | - | - |
| 30 000 | ● | ● | ● | ● | ● | ^ | - | - | ● |
| 45 000 | ● | ● | - | - | - | ^ | - | - | - |
| 60 000 | ● | ● | ● | ● | ● | ^ | （检查，必要时更换） | - | ● |

2014款速腾全系均为电子转向助力，无须更换转向助力油

注：●：需要更换　-：检查

| 速腾1.6L车型和1.4TSI车型在常规保养项目周期差异 |||
|---|---|---|
| 项目 | 1.6L车型 | 1.4TSI车型 |
| 机油机滤 | 首次在7 500km时更换，15 000km后，每15 000km更换一次 | 首次在5 000km时更换，10 000km后，每10 000km更换一次 |
| 空气滤芯 | 每30 000km或2年更换一次 | 每20 000km或2年更换一次 |
| 火花塞 | 每30 000km或2年更换一次 | 每20 000km或2年更换一次 |
| 变速箱油 | 60 000km需进行检查，必要时进行更换 | 60 000km更换DSG双离合变速箱油 |

## 附录4　2012款福克斯官方保养周期

| 2012款福克斯官方保养周期 |||||||||
|---|---|---|---|---|---|---|---|---|
| 配件<br>里程/km | 机油 | 机油滤芯 | 空气滤芯 | 汽油滤芯 | 空调滤芯 | 刹车油 | 变速箱油 | 助力油 | 火花塞 |
| 5 000 | ● | ● | - | - | 每次保养需检查，视使用情况酌情更换 | - | 保养手册中注明每40 000km进行检查 | 每次保养需检查，视检查加注 | - |
| 15 000 | ● | ● | - | ● | ^ | - | ^ | ^ | - |
| 25 000 | ● | ● | ● | - | ^ | - | ^ | ^ | - |
| 35 000 | ● | ● | - | ● | ^ | ● | ^ | ^ | ● |
| 45 000 | ● | ● | - | - | ^ | - | ^ | ^ | - |
| 55 000 | ● | ● | ● | ● | ^ | - | ^ | ^ | - |
| 65 000 | ● | ● | - | - | ^ | - | ^ | ^ | - |

续表

| 2012款福克斯官方保养周期 ||||||||||
|---|---|---|---|---|---|---|---|---|---|
| 配件<br>里程/km | 机油 | 机油滤芯 | 空气滤芯 | 汽油滤芯 | 空调滤芯 | 刹车油 | 变速箱油 | 助力油 | 火花塞 |
| 2012款福克斯2.0L车型均为电子转向助力，无须更换转向助力油；1.6L手动挡车型无须更换助力油；1.6L双离合车型需要换助力油 ||||||||||
| 注：●：需要更换  －：检查 ||||||||||

### 附录5  2015款科鲁兹官方保养周期

| 2015款科鲁兹官方保养周期 ||||||||
|---|---|---|---|---|---|---|---|
| 配件<br>里程/km | 机油/机滤 | 空气滤清器 | 汽油滤清器 | 空调滤清器 | 刹车油 | 变速箱油 | 火花塞 |
| 5 000 | ● | － | － | － | － | － | － |
| 10 000 | ● | － | － | － | － | － | － |
| 15 000 | ● | － | － | － | － | － | － |
| 20 000 | ● | ● | ● | ● | － | － | － |
| 25 000 | ● | － | － | － | － | － | － |
| 30 000 | ● | － | － | － | ● | － | － |
| 35 000 | ● | － | － | － | － | － | － |
| 40 000 | ● | ● | ● | ● | － | － | － |
| 45 000 | ● | － | － | － | － | － | － |
| 50 000 | ● | － | － | － | － | － | － |
| 55 000 | ● | － | － | － | － | － | － |
| 60 000 | ● | ● | ● | ● | ● | － | ● |
| 备注：2015款科鲁兹采用正时链条，终身免维护，官方未对手动变速箱油更换做出说明，1.4T车型每72 000km更换自动变速箱油，1.5L车型每80 000km更换自动变速箱油 ||||||||
| 注：●：需要更换  －：无须更换 ||||||||